普通高等院校“十三五”规划教材
“互联网+”业财融合系列教材

财务管理学学习指导书

孔令一／主编
徐嵩杰 赵若辰／副主编

立信会计出版社
LIXIN ACCOUNTING PUBLISHING HOUSE

图书在版编目(CIP)数据

财务管理学学习指导书 / 孔令一主编. —上海：立信会计出版社，2020.6(2023.8 重印)

ISBN 978 - 7 - 5429 - 6499 - 1

Ⅰ. ①财… Ⅱ. ①孔… Ⅲ. ①财务管理—高等学校—教学参考资料 Ⅳ. ①F275

中国版本图书馆 CIP 数据核字(2020)第 083699 号

策划编辑　郭　光
责任编辑　郭　光
封面设计　南房间

财务管理学学习指导书

CAIWU GUANLIXUE XUEXI ZHIDAOSHU

出版发行　立信会计出版社
地　　址　上海市中山西路 2230 号　　邮政编码　200235
电　　话　(021)64411389　　传　　真　(021)64411325
网　　址　www.lixinaph.com　　电子邮箱　lixinaph2019@126.com
网上书店　http://lixin.jd.com　　http://lxkjcbs.tmall.com
经　　销　各地新华书店

印　　刷　上海万卷印刷股份有限公司
开　　本　787 毫米×1092 毫米　1/16
印　　张　12
字　　数　293 千字
版　　次　2020 年 6 月第 1 版
印　　次　2023 年 8 月第 3 次
书　　号　ISBN 978 - 7 - 5429 - 6499 - 1/F
定　　价　36.00 元

前　言

财务管理是基于企业生产过程中客观存在的财务活动和财务关系而产生的，以资本市场为背景，以公司制企业为对象，以公司资本运动为主线，阐述了公司筹资、投资、营运和利润分配等理论和方法。

《财务管理学学习指导书》是《财务管理学》(孔令一主编，立信会计出版社)一书的配套教材。为了方便教师的教学和学生的学习，本书安排配套习题，提供习题参考答案，方便教师和学生查阅。学生通过本书练习，可以在掌握现代企业财务管理原理的基础上，加深理解货币时间价值、风险价值等财务管理基本概念，学会运用企业的筹资管理、投资管理、营运资金管理和利润分配管理等专业知识来解决现代企业财务管理实际问题，具备从事经济管理工作必需的业务知识和工作能力。

本书按《财务管理学》内容顺序编写，每章分为三部分：第一部分是内容提要，概括了该章的重要知识点；第二部分是练习题，包括名词解释、单项选择题、多项选择题、判断题和计算题等；第三部分是练习题的参考答案，给出重难点解析，以帮助学生对照检查练习题的完成效果。

本书由孔令一任主编，徐嵩杰、赵若辰、李满林、谭作凤、李建林等参与编写，最终由孔令一负责修改与定稿。编写过程中，立信会计出版社的郭光编辑提供了大量的帮助，在此一并致谢。

本书适合作为学生学习指导用书，也可作为教师教学参考用书。由于时间仓促，水平所限，书中难免存在错漏及不当之处，敬请读者不吝赐正，以使本书得到充实和完善。

编　者

2020 年 5 月

目录

第一章　财务管理总论 …… 1
　第一部分　内容概要 …… 1
　第二部分　练习题 …… 3
　第三部分　参考答案 …… 9

第二章　货币时间价值与风险报酬 …… 13
　第一部分　内容概要 …… 13
　第二部分　练习题 …… 17
　第三部分　参考答案 …… 23

第三章　筹资管理 …… 30
　第一部分　内容概要 …… 30
　第二部分　练习题 …… 35
　第三部分　参考答案 …… 43

第四章　资本结构决策 …… 51
　第一部分　内容概要 …… 51
　第二部分　练习题 …… 57
　第三部分　参考答案 …… 66

第五章　证券投资管理 …… 76
　第一部分　内容概要 …… 76
　第二部分　练习题 …… 79
　第三部分　参考答案 …… 85

第六章　项目投资管理 …… 90
　第一部分　内容概要 …… 90
　第二部分　练习题 …… 94
　第三部分　参考答案 …… 102

第七章　营运资金管理 …… 110
第一部分　内容概要 …… 110
第二部分　练习题 …… 117
第三部分　参考答案 …… 124

第八章　利润分配 …… 129
第一部分　内容概要 …… 129
第二部分　练习题 …… 134
第三部分　参考答案 …… 141

第九章　财务分析 …… 148
第一部分　内容概要 …… 148
第二部分　练习题 …… 152
第三部分　参考答案 …… 158

第十章　财务战略 …… 164
第一部分　内容概要 …… 164
第二部分　练习题 …… 168
第三部分　参考答案 …… 171

第十一章　财务危机、重组与清算 …… 175
第一部分　内容概要 …… 175
第二部分　练习题 …… 180
第三部分　参考答案 …… 184

第一章　财务管理总论

第一部分　内容概要

一、财务管理概述

（一）财务管理概念

（1）财务管理的概念：财务管理是组织企业财务活动、处理财务关系的一项经济管理工作。企业的财务活动包括筹资活动、投资活动、营运活动和利润分配等活动。

（2）财务管理的特征：①财务管理的基本特征是对企业资金循环和周转过程中的价值管理。财务管理的对象是资金及其运动。②财务管理与企业各方面具有广泛联系。③财务管理能迅速反映企业生产经营状况。④财务管理是一项动态管理。

（3）财务管理的本质是财务决策。

（二）财务活动

企业财务活动是以现金收支为主的企业资金收支活动的总称。企业财务活动可分为四个方面：筹资活动、投资活动、营运活动和利润分配活动。

（三）财务关系

企业财务关系是指企业在组织财务活动过程中与各有关方面发生的经济关系，企业的筹资活动、投资活动、营运活动和利润分配活动与企业上下左右各方面有着广泛的联系：

（1）企业同其所有者之间存在受资与投资的关系。

（2）企业同其债权人之间存在债务与债权的关系。

（3）企业同其被投资单位之间存在投资与受资的关系。

（4）企业同其债务人之间存在债权与债务的关系。

（5）企业内部各单位的财务关系是指企业内部各单位之间在生产经营各环节中相互提供产品或劳务所形成的经济关系。

（6）企业与职工之间的财务关系是指企业向职工支付劳动报酬的过程中所形成的经济关系。

（7）企业与税务机关的关系反映的是依法纳税和依法征税的权利义务关系。

二、财务管理目标

（一）财务管理目标概念

财务管理目标是指企业理财活动所希望实现的结果，是评价企业理财活动是否合理的基本标准。

（1）利润最大化是西方微观经济学的理论基础。西方经济学家是以利润最大化这一目标来分析和评价企业行为和业绩。

(2) 股东财富最大化是指通过财务上的合理经营，为股东带来最多的财富。在股份制公司中，股东财富由其所拥有的股票数量和股票市场价格两方面来决定。

(3) 每股收益最大化。每股收益是指公司在一定时期内的净利润与发行在外的普通股股数的比值，它反映了投资者每股股本的盈利能力，主要用于上市公司。

每股收益最大化采用相对数来反映公司的盈利能力，从而可以更清楚地揭示出投资与收益的报酬率水平，更便于财务分析和财务预测，以及不同资本规模的公司或公司在不同时期的比较。

(4) 企业价值最大化是指企业通过生产经营在激烈的市场竞争中不断开拓创新产品、优化业务服务、增加企业财富，使企业价值最大化。企业价值不是账面资产的总价值，而是企业全部财产的市场价值，它反映了企业潜在或预期的获利能力和未来收入预期。

企业价值最大化充分考虑了企业各利益团体，有利于体现企业管理的目标，更能揭示市场所认可的企业价值，并且考虑了资金的时间价值和风险价值，因此，通常认为企业价值最大化是一个较为合理的财务管理目标。

(二) 利益冲突与协调

(1) 股东和经营者的矛盾与协调。股东追求的目标是通过企业的经营，使他们的资本保值增值，最大限度地提高资本收益，增加股权价值。经营者追求的目标是舒适的工作条件、优厚的报酬、个人声誉和社会地位等职业经理人价值。股东目标与经营者目标不完全一致。

解决股东与经营者之间的利益矛盾，一般可采用三种形式：①监督。②约束。③激励。

(2) 股东与债权人的矛盾与协调。债权人关注的是本金的安全和期望报酬的取得，其利益要求是到期收回本金，并获得期望的利息。股东往往将从债权人那里筹集到的资金投入到风险更高的项目，或者改变举债资金的原定用途。

债权人为了防止其利益被侵害，一般采取两种保护方式：①立法保护。②限制性条款。

(3) 大股东与小股东的矛盾与协调。大股东通常是指控股股东，他们持有企业大多数股份，能够左右股东大会和董事会的决议，往往还委派企业的最高管理者，从而掌握企业的重大决策权，拥有对企业的控制权。小股东与控股股东之间存在严重的信息不对称，因此他们的权利很容易被控股股东以各种形式侵害。

小股东的利益保护机制有：①完善上市公司的治理结构，使股东大会、董事会和监事会三者有效运作，形成互相制约的机制。②规范上市公司的信息披露制度，保证信息的完整性、真实性和及时性。

三、企业组织形式

(一) 个人独资企业

个人独资企业，即为个人出资经营、归个人所有和控制、由个人承担经营风险和享有全部经营收益的企业。

(二) 合伙企业

合伙企业是指自然人、法人和其他组织依照《中华人民共和国合伙企业法》在中国境内设立的，由两个或两个以上的自然人通过订立合伙协议，共同出资经营、共负盈亏、共担风险的企业组织形式。

（三）公司制企业

公司制企业是指依照国家相关法律集资创建的，实行自主经营、自负盈亏，由法定出资人（股东）组成的，具有法人资格的独立经济组织。

四、财务管理环境

财务管理环境又称理财环境，是指对组织财务活动和处理财务关系产生影响的企业外部条件。

（一）经济环境

经济环境包括经济周期、经济发展水平和宏观经济政策三个方面。

（二）法律环境

法律环境包括企业组织法规、财务会计法规和税收法律规范三个方面。

（三）金融市场环境

金融市场环境是企业财务管理最主要的环境因素。

（1）金融市场是指一切资本流动的场所，包括实体资本和货币资本的流动。金融市场的主体是指参与金融市场交易活动而形成的买卖双方的各经济单位。

（2）金融市场的种类包括：①按交易的期限划分，金融市场可分为短期资本市场和长期资本市场。②按交易的时间划分，金融市场可分为现货市场和期货市场。③按交易的性质划分，金融市场可分为发行市场和流通市场。

（3）金融机构包括：①中国人民银行。②政策性银行。③商业银行。④非银行金融机构。

（4）利率。利率也称利息率，是利息占本金的比率。利率的计算公式如下：

$$\text{利率} = \text{纯利率} + \text{通货膨胀补偿率} + \text{风险报酬率}$$

纯利率是指在没有风险和通货膨胀的情况下的平均利率。在没有通货膨胀时，国债的利率可以视为纯利率。

通货膨胀补偿率是指由于持续的通货膨胀不断降低货币的实际购买力，为补偿其购买力下降而要求提高的利率。

风险报酬率包括违约风险报酬率、流动性风险报酬率和期限风险报酬率。

第二部分　练　习　题

一、名词解释

1. 财务管理
2. 企业财务活动
3. 企业财务关系
4. 股东财富最大化

5. 利率

6. 通货膨胀补偿率

二、单项选择题

1. 下列各项中,体现债权与债务关系的是(　　)。

A. 企业与债权人之间的财务关系　　B. 企业与受资者之间的财务关系

C. 企业与债务人之间的财务关系　　D. 企业与政府之间的财务关系

2. 若国债利率为5%,纯利率为4%,则下列说法中,正确的是(　　)。

A. 可以判断目前不存在通货膨胀

B. 可以判断目前存在通货膨胀,但是不能判断通货膨胀补偿率的大小

C. 无法判断是否存在通货膨胀

D. 可以判断目前存在通货膨胀,且通货膨胀补偿率为1%

3. 在下列各项中,从甲公司的角度看,能够形成"本企业与债务人之间财务关系"的业务是(　　)。

A. 甲公司购买乙公司发行的债券　　B. 甲公司归还所欠丙公司的货款

C. 甲公司从丁公司赊购产品　　D. 甲公司向戊公司支付利息

4. 下列各项中,能够用于解决企业所有者与企业债权人矛盾的方法是(　　)。

A. 解聘　　B. 接收

C. 激励　　D. 停止借款

5. 下列各项中,(　　)的利率,在没有通货膨胀的情况下,可视为纯利率。

A. 国债　　B. 公司债券

C. 银行借款　　D. 金融债券

6. 由企业经营引起的财务活动是(　　)。

A. 投资活动　　B. 筹资活动

C. 营运活动　　D. 分配活动

7. 下列各项中,(　　)是影响企业财务管理的最主要的环境因素。

A. 法律环境　　B. 经济环境

C. 金融市场环境　　D. 企业内部环境

8. 企业支付利息给债权人属于财务管理中的(　　)。

A. 筹资活动　　B. 投资活动

C. 运营活动　　D. 利润分配活动

9. 企业同其被投资单位之间的财务关系反映的是(　　)。

A. 受资与投资关系　　B. 债权与债务关系

C. 投资与受资关系　　D. 债务与债权关系

10. 企业财务管理的对象是(　　)。

A. 资金及其运动　　B. 资金的数量增减变动

C. 现金管理　　D. 财务关系

11. 对企业净资产的分配权是(　　)。

A. 国家的基本权利　　B. 所有者的基本权利
C. 债权人的基本权利　　D. 经营者的基本权利
12. 独资企业和合伙企业的所有者用于承担企业财务风险的资产是(　　)。
A. 注册资本　　B. 法定资本
C. 个人全部财产　　D. 实际投入资本
13. 影响企业财务管理的法律环境的是(　　)。
A. 企业组织法规　　B. 通货膨胀状况
C. 经济发展水平　　D. 资本市场
14. 财务管理的最优目标是(　　)。
A. 股东财富最大化　　B. 利润最大化
C. 每股收益最大化　　D. 企业价值最大化
15. 股东协调自己和经营者目标的最佳办法是(　　)。
A. 采取监督方式
B. 采取激励方式
C. 同时采取监督和激励方式
D. 使监督成本、激励成本和偏离股东目标的损失三者之和最小的办法
16. 以每股收益最大化作为财务管理目标，其优点是(　　)。
A. 考虑了资金的时间价值　　B. 考虑了投资的风险价值
C. 有利于企业克服短期行为　　D. 考虑了投资额与利润的关系
17. 下列各项中，纯利率受(　　)影响。
A. 通货膨胀　　B. 违约风险
C. 货币的供求关系　　D. 流动性风险
18. 承担有限债务责任的企业组织形式是(　　)。
A. 个人独资企业　　B. 合伙企业
C. 个体工商户　　D. 公司制企业
19. 下列企业各利益相关者中，承担最大风险并可能获得最大报酬的是(　　)。
A. 股东　　B. 债权人
C. 经营者　　D. 供应商
20. 下列各项中，(　　)不是合伙企业的缺点。
A. 责任无限　　B. 双重课税
C. 权力分散　　D. 产权转让困难

三、多项选择题

1. 下列各项中，属于对内投资的有(　　)。
A. 与其他企业联营　　B. 购买无形资产
C. 购买国债　　D. 购买零件
2. 投资者与企业之间通常发生(　　)财务关系。
A. 投资者可以对企业进行一定程度的控制或施加影响

B. 投资者可以参与企业净利润的分配
C. 投资者对企业的剩余资产享有索取权
D. 投资者对企业承担一定的经济法律责任
3. 影响企业财务管理的经济环境因素主要包括(　　)。
A. 企业组织法规　　B. 经济周期
C. 经济发展水平　　D. 经济政策
4. 风险报酬率包括(　　)。
A. 通货膨胀补偿率　　B. 违约风险报酬率
C. 流动性风险报酬率　　D. 期限风险报酬率
5. 下列各项中,属于经营活动的有(　　)。
A. 采购原材料　　B. 购买国债
C. 销售商品　　D. 支付现金股利
6. 财务活动包括(　　)。
A. 投资活动　　B. 筹资活动
C. 经营活动　　D. 分配活动
7. 相对于其他企业而言,公司制企业的优点包括(　　)。
A. 产权容易转移　　B. 筹资便利
C. 承担有限责任　　D. 利润分配不受任何限制
8. 企业投资报酬率的构成内容有(　　)。
A. 平均资金利润率　　B. 纯利率
C. 通货膨胀补偿率　　D. 风险报酬率
9. 股东通过经营者侵害债权人利益的常用方式有(　　)。
A. 不经债权人的同意,投资比债权人预期风险要高的新项目
B. 不顾工人的健康和利益
C. 不征得债权人同意而发行新债
D. 不是尽最大努力去实现企业财务管理目标
10. 下列经济行为中,属于企业投资活动的有(　　)。
A. 企业购置无形资产　　B. 企业提取盈余公积金
C. 支付股息　　D. 企业购买股票
11. 所有者与债权人的矛盾解决方式有(　　)。
A. 解聘　　B. 限制性借款
C. 收回借款　　D. 激励
12. 企业财务关系包括(　　)。
A. 企业与国家的财务关系
B. 企业与投资者、受资者的财务关系
C. 企业与债权人、债务人的财务关系
D. 企业与职工之间的财务关系
13. 在经济繁荣阶段,市场需求旺盛,企业应(　　)。

A. 扩大生产规模　　B. 增加投资
C. 减少投资　　D. 增加员工

14. 为确保企业财务目标的实现,下列各项中,可用于协调经营者与所有者之间的矛盾的措施有(　　)。
A. 所有者解聘经营者
B. 所有者向企业派遣财务总监
C. 在债务合同中预先加入限制条款
D. 所有者给经营者以股票期权

15. 以利润最大化作为财务管理的目标,其缺陷有(　　)。
A. 没有考虑货币的时间价值
B. 没有考虑获取利润和所承担风险的关系
C. 往往会使财务决策带有短期行为倾向
D. 没有考虑投入资本和获利之间的关系

16. 为协调经营者与所有者之间的矛盾,股东必须支付(　　)。
A. 沉没成本　　B. 监督成本
C. 激励成本　　D. 经营成本

17. 以股东财富最大化作为财务管理的目标,其优点有(　　)。
A. 考虑了风险因素
B. 一定程度上能够克服企业在追求利润上的短期行为
C. 比较容易量化,便于考核和奖惩
D. 只适用于上市公司,对非上市公司则很难适用

18. 下列各项中,属于财务管理内容的有(　　)。
A. 投资管理　　B. 产品质量管理
C. 筹集资金　　D. 营运管理

19. 每股收益最大化观点将企业的利润与投入的股本联系起来,但是每股收益最大化也存在不足,其缺点有(　　)。
A. 没有考虑资金的时间价值　　B. 没有考虑利润与所承担风险的关系
C. 可能造成经营行为短期化　　D. 衡量比较困难

20. 下列各项中,属于政策性银行的有(　　)。
A. 中国人民银行　　B. 中国农业发展银行
C. 中国农业银行　　D. 中国进出口银行

四、判断题

1. 企业与受资者之间的财务关系体现债权性质的投资与受资关系。　　(　　)

2. 公司制企业与独资企业和合伙企业相比具有对公司收益重复纳税的缺点。　　(　　)

3. 金融市场的主体是指银行和非银行金融机构。　　(　　)

4. 流动性风险收益率是指为了弥补债务人无法按时还本付息而带来的风险,由债权人要求提高的利率。　　(　　)

5. 从资金的借贷关系来看，利率是一定时期运用资金资源的交易价格。（　　）

6. 财务管理主要是资金管理，其对象是资金及其运动。（　　）

7. 金融市场利率波动与通货膨胀有关，后者起伏不定，利率也随之而起落。（　　）

8. 财务管理的主要内容是投资、筹资和股利分配，因此，财务管理一般不会涉及成本问题。（　　）

9. 短期证券市场由于交易对象易于变成货币或作为货币使用，所以也称资本市场。（　　）

10. 企业与政府之间的财务关系体现为一种投资与受资关系。（　　）

11. 股东与管理层之间存在着委托—代理关系，由于双方目标存在差异，所以不可避免地会产生冲突。（　　）

12. 企业的信用程度可分为若干等级，等级越高，信用越好，违约风险越低，筹资时利率水平越高。（　　）

13. 一项负债到期日越长，债权人承受的不确定因素越多，承担的风险也越大。（　　）

14. 股东财富可以用公司股票价格来计量。（　　）

15. 股东财富最大化目标充分考虑了众多相关利益主体的不同利益。（　　）

16. 在企业经营引起的财务活动中，主要涉及的是固定资产和长期负债的管理问题，其中关键是资本结构的确定。（　　）

17. 以利润最大化作为财务管理目标可能导致管理者的短期行为。（　　）

18. 金融市场的主体就是金融机构。（　　）

19. 普通合伙企业的合伙人必须对合伙企业的债务承担无限连带责任。（　　）

20. 流通市场是指从事新证券和票据等金融工具买卖的市场。（　　）

五、案例分析题

时代公司所有者与债权人之间的项目投资矛盾

时代公司的债券原为AA级，但最近公司为一系列问题所困扰，陷入了财务困境，如果公司现在被迫破产，公司的股东将一无所获。现公司通过出售其持有的有价证券，动用其历年的折旧积累来筹集资金，准备对如下两个互斥项目中的一项进行投资，以避免公司破产。互斥项目是指公司将从两个项目中选择一个，放弃另外一个。两个项目均在第1年年初投资1 500万元，第1～10年的净现金流量（不包括第1年年初的现金流出量）及有关资料如表1-1所示。

表1-1　　时代公司投资项目

有关情况		利润	
状况	概率	项目A（万元）	项目B（万元）
好	0.5	450	3 515
差	0.5	−45	−2 515

要求：

（1）哪一个项目的总风险较大？为什么？

（2）如果你是公司股东，你希望选择哪个项目？

（3）如果你是公司的债权人，你希望选择哪个项目？

（4）为防止决策引起利益冲突，债权人预先应采取何种保护措施？谁来承担保护措施的成本？

第三部分　参考答案

一、名词解释

1. 财务管理

财务管理是组织企业财务活动，处理财务关系的一项经济管理工作。

2. 企业财务活动

企业财务活动是指以现金收支为主的企业资金收支活动的总称。

3. 企业财务关系

企业财务关系是指企业在组织财务活动的过程中与各有关方面发生的经济关系。

4. 股东财富最大化

股东财富最大化是指通过财务上的合理运营，为股东带来最多的财富。

5. 利率

利率又称利息率，是指利息占本金的比率。从资金的借贷关系来看，利率是一定时期运用资金资源的交易价格。

6. 通货膨胀补偿率

通货膨胀补偿率是指由于持续的通货膨胀不断降低货币的实际购买力，为补偿其购买力下降而要求提高的利率。

二、单项选择题

1. C	2. D	3. A	4. D	5. A	6. C	7. C	8. A	9. C	10. A
11. B	12. C	13. A	14. D	15. D	16. D	17. C	18. D	19. A	20. B

重难点解析：

1. 企业与债权人之间的财务关系体现的是债务与债权关系；企业与受资者之间的财务关系体现的是所有权性质的投资与受资关系；企业与债务人之间的财务关系体现的是债权与债务关系；企业与政府之间的财务关系体现一种强制和无偿的分配关系。

2. 因为由于国债的风险很小，所以国债利率＝无风险收益率＝纯利率＋通货膨胀补偿率，即5%＝4%＋通货膨胀补偿率，所以可以判断存在通货膨胀，且通货膨胀补偿率＝5%－4%＝1%。

3. 甲公司购买乙公司发行的债券，则乙公司是甲公司的债务人，所以选项A形成的是“本企业与债务人之间财务关系”；选项BCD形成的是企业与债权人之间的财务关系。

4. 监督、约束、激励是解决股东与经营者之间的利益矛盾方法。停止借款可以用于解决所有者与债权人之间的矛盾。

5. 国债利率＝纯利率＋通货膨胀补偿率。

7. 金融市场环境是企业财务管理最主要的环境因素。

8. 企业从债权人筹集债务资金，企业按期支付利息给债权人，属于筹资活动。

9. 企业与受资者之间的财务关系体现的是所有权性质的投资与受资关系。

10. 企业财务管理的对象是资金及其运动。

11. 净资产等于资产减去负债，即所有者权益，它是股东(所有者)的基本权利。

12. 合伙企业的合伙人对合伙企业债务承担无限连带责任；独资企业的投资者对企业债务负无限责任。因此，合伙企业和独资企业必须以各所有者的个人全部资产承担一切财务风险或责任。

13. 法律环境包括企业组织法规、财务会计法规和税收法律规范三个方面。选项B的通货膨胀状况与选项D的资本市场属于金融市场环境。选项C经济发展水平属于经济环境。

14. 财务管理的最佳目标是企业价值最大化。

15. 通常，股东同时采取监督和激励两种方式来协调自己和经营者的目标。尽管如此，仍不可能使经营者完全按照股东的意愿行动，经营者仍然可能采取一些对自己有利而不符合股东利益最大化决策，并由此给股东带来一定的损失。股东要权衡轻重，力求找出能使监督成本、激励成本和偏离股东目标的损失三项之和最小的解决办法。

16. 每股收益最大化观点将企业的利润与股东投入的股本联系起来，考虑了投资额与利润的关系。但是每股收益最大化仍然没有考虑资金时间价值和风险价值，也不能避免企业经营行为短期化。

17. 纯利率是指没有风险、没有通货膨胀情况下的利率，它受平均利率、货币供求关系的影响。

18. 公司制企业的优点之一是承担有限的债务责任。

19. 在相关利益者中，股东作为企业的所有者，在企业中承担着最大的权利、义务、风险和报酬。

20. 设立合伙企业的缺点包括：责任无限、权力分散、产权转让困难。合伙企业只需要交纳个人所得税，不需要交纳企业所得税，不存在双重课税。

三、多项选择题

1. BD	2. ABCD	3. BCD	4. BCD	5. AC
6. ABCD	7. ABC	8. BCD	9. AC	10. AD
11. BC	12. ABCD	13. ABD	14. ABD	15. ABCD
16. BC	17. ABC	18. ACD	19. ABC	20. BD

重难点解析：

1. 企业把资金投资于固定资产、无形资产以及企业经营活动，属于对内投资。

2. 投资者与企业之间通常发生以下财务关系：投资者可以对企业进行一定程度的控制或施加影响；投资者可以参与企业净利润的分配；投资者对企业的剩余资产享有索取权；投

资者对企业承担一定的经济法律责任。

3. 经济环境包括经济周期、经济发展水平和宏观经济政策三个方面。

4. 风险报酬率包括违约风险报酬率、期限风险报酬率和流动性风险报酬率。

5. 采购原材料、销售商品属于经营活动，购买国债属于投资活动，支付现金股利属于分配活动。选项A采购原材料和选项C销售商品属于经营活动，购买国债属于投资活动，支付现金股利属于分配活动。

7. 公司制企业相对于其他企业而言，其优点是：股东只承担有限责任，并且比较容易筹集资金。公司制企业的利润分配活动应遵循《公司法》的有关规定，并要受到法律约束、股东约束、债权人约束等。

8. 企业投资报酬率包含纯利率、通货膨胀补偿率、期限风险率、流动性风险率和违约风险率。

9. 股东可以通过经营者为了自身利益而侵害债权人的利益，包括：不经债权人同意投资比债权人预期风险高的新项目，不征得债权人同意发行新债。选项B不顾工人的健康和利益，侵害的是员工利益。选项D不尽最大努力实现财务管理目标是经营者和所有者（股东）之间的矛盾。

10. 选项A企业购置无形资产和选项D企业购买股票，属于投资活动。选项B企业提取盈余公积金属于分配活动。选项C支付股息属于筹资活动。

11. 限制性借款、收回借款是债权人降低企业违约风险的措施，解聘、激励是经营者与股东之间矛盾的解决方式。

14. 经营者和所有者的主要矛盾是经营者希望在创造财富的同时，能够获得更多的报酬、更多的享受，并避免各种风险。而所有者则希望以较小的代价（支付较少报酬）实现更多的财富。可用于协调所有者与经营者矛盾的措施包括解聘、接收和激励。激励有两种基本方式：股票期权和绩效股。

16. 股东可采取监督和激励两种方法协调自己与经营者的目标，股东应在监督成本、激励成本和偏离股东目标的损失之间权衡，寻求最佳的解决方法。

17. 股东财富最大化只适用于上市公司，对非上市公司则很难适用，是股东财务最大化的缺点，不是其优点。

18. 财务管理的基本内容有筹集资金、投资管理、营运管理和股利分配。

19. 每股收益最大化观点将企业的利润与投入的股本联系起来，可以反映投入与产出的关系，但还是没有考虑资金时间价值和利润与所承担风险的关系，而且可能造成经营行为短期化。每股收益的数据很容易从报表中取得。

20. 政策性银行是指由政府设立，以贯彻国家产业政策、区域发展政策、不以营利为目的的金融机构。包括国家开发银行、中国进出口银行、中国农业发展银行。选项A中国人民银行是中央银行。选项C中国农业银行属于商业银行。

四、判断题

1. ×	2. √	3. √	4. ×	5. √	6. √	7. √	8. ×	9. ×	10. ×
11. √	12. ×	13. √	14. √	15. ×	16. ×	17. √	18. ×	19. √	20. ×

重难点解析：

1. 二者体现的是股权性质的投资与受资关系。

2. 股份有限公司与独资企业和合伙企业相比具有的特点包括：有限责任、永续存在、可转让性、易于筹资、对公司收益重复纳税。

4. 流动性风险收益率是弥补债务人资产的流动性不好带来的风险。违约风险收益率是指为了弥补债务人无法按时还本付息而带来的风险，由债权人要求提高的利率。

7. 通货膨胀补偿率是构成金融市场利率的一部分，通货膨胀起伏不定，则构成利率的通货膨胀附加率也随之起伏波动。

8. 财务管理的主要内容是投资、筹资、营运和股利分配。在投资决策中要考虑机会成本及资本成本，在筹资和股利分配中要考虑资本成本问题。

9. 短期证券市场是指资金市场。一般来说，短期是指资金市场，长期是指资本市场。

10. 企业与政府之间的财务关系体现一种强制和无偿的分配关系。

12. 企业的信用等级越高，信用越好，违约风险越低，利率水平越低。

13. 一项负债到期日越长，债权人承受的不确定因素越多，承担的期限风险越大，债权人要求得到的报酬率也越高。

15. 企业价值最大化目标充分考虑了众多相关利益主体的不同利益。

16. 企业筹资活动主要涉及的是所有者权益和长期负债的管理问题，其关键是资本结构的确定。

18. 金融市场的主体是指参与金融市场交易活动而形成的买卖双方的各经济单位，它包括双方而不仅是指金融机构。

20. 发行市场是指从事新证券和票据等金融工具买卖的市场。流通市场是指从事已上市的证券或票据等金融工具买卖的市场。

五、案例分析题

(1) 如果发生差的状况，项目 B 将造成 2 515 万元的损失，比项目 A 的 45 万元损失高很多，项目 B 的风险大。当发生好的状况，项目 B 的收益 3 515 万元，显著大于项目 A 的收益 450 万元，与风险收益呈正方向相关观点一致。

(2) 如果我是公司股东，我将选择项目 B。因为如案例所述，时代公司已经濒临倒闭。即使项目 B 失败，股东也不会有更多的损失。但是一旦项目成功，与选择项目 A 相比，项目 B 能为公司带来更多的现金流量，从而使时代公司起死回生。

(3) 如果我是公司债权人，我将希望选择项目 A。因为债权人的收益是固定的，不因企业收益率的变化而变化，因此，债权人关心企业承担的风险大小，项目 A 的风险较小，可以保证债权人的资金安全。

(4) 本例实际上是股东和债权人之间的委托一代理问题。为了解决这种代理问题，债权人可以采取多种措施，比如在贷款合同中限定资金的用途，只允许用于项目 A。表面上看，保护措施的受益者是债权人，所以应该由债权人承担保护措施的成本，但在现实生活中债权人往往用一定方法将这部分成本转嫁给企业(如调整贷款利率)。

第二章　货币时间价值与风险报酬

第一部分　内容概要

一、货币时间价值

（一）货币时间价值的概念

货币时间价值揭示了不同时点上资金之间的换算关系，它也是财务决策的基本依据。货币时间价值又称资金时间价值，通常是指在没有风险和没有通货膨胀的情况下，一定量货币在不同时点的价值差额。

（二）资金流量时间线

在讨论货币时间价值时，我们通常会用资金流量时间线来表示资金的状况。资金流量时间线是表示现金在某时刻流入、流出的图形，即由期限、现金流入流出的时间和数量三部分构成。

（三）货币时间价值的计算

货币时间价值的计算，涉及两个重要的概念：现值和终值。

1. 单利终值及现值的计算

单利是指只对本金计算利息，利息部分不再计息，通常用 PV 表示现值，FV 表示终值，i 表示利率（贴现率、折现率），n 表示计算利息的期数，I 表示利息。

（1）单利利息：只针对本金而计算的利息，其计算公式为：

$$I = P \cdot i \cdot n$$

（2）单利终值：现在的一定资金在将来某一时点按照单利方式下计算的本利和，其计算公式为：

$$FV = PV \cdot (1 + i \cdot n)$$

（3）单利现值：在现实经济生活中，有时需要根据终值来确定其现在的价值即现值，其计算公式为：

$$PV = \frac{FV}{1 + i \cdot n}$$

2. 复利终值及现值的计算

（1）复利是指不仅对本金要计息，而且对本金所生的利息也要计息，即“利滚利”。复利终值的计算公式为：

$$FV = PV \cdot FVIF_{i,n}$$

（2）复利现值是指在将来某一特定时间取得或支出一定数额的资金，按复利折算到现在的价值。复利现值是和复利终值相对的概念，是复利终值的逆运算，因此，复利现值的计算公式为：

$$PV = FV \times PVIF_{i,n}$$

3. 年金终值及现值的计算

年金是指一定时期内，每隔相同的时间，收入或支出相同金额的系列款项。

年金根据每次收付发生的时点不同，可分为后付年金、先付年金、递延年金和永续年金四种。

(1) 普通年金。

普通年金是指在每期的期末，间隔相等时间，收入或支出相等金额的系列款项。每一间隔期，有期初和期末两个时点，由于普通年金是在期末这个时点上发生收付，故又称后付年金。

普通年金的终值是指每期期末收入或支出的相等款项，按复利计算，在最后一期所得的本利和，年金终值用 FVA 表示，其计算公式为：

$$FVA = A \cdot FVIFA_{i,n}$$

普通年金的现值是指一定时期内每期期末等额收支款项的复利现值之和。实际上就是指为了在每期期末取得或支出相等金额的款项，现在需要一次投入或借入多少金额，年金现值用 PVA 表示，其计算公式为：

$$PVA = A \cdot PVIFA_{i,n}$$

(2) 先付年金。

先付年金是指每期收入或支出相等金额的款项是发生在每期的期初，而不是期末。

n 期的先付年金与 n 期的普通年金，其收付款次数是一样的，只是收付款时点不一样。如果计算年金终值，先付年金要比普通年金多计一年的利息。因此，在普通年金的终值的基础上，乘上 $(1+i)$ 便可计算出先付年金的终值，其计算公式为：

$$FVA_n = A \cdot FVIFA_{i,n} \cdot (1+i)$$

此外，还可根据 n 期先付年金终值与 $n+1$ 期后付年金终值的关系推导出另一计算公式。n 期先付年金与 $n+1$ 期后付年金的计息期数相同，但比 $n+1$ 期后付年金少付一次款，因此，只要将 $n+1$ 期后付年金的终值减去一期付款 A，便可求出 n 期先付年金终值，其计算公式为：

$$FVA_n = A \cdot FVIFA_{i,n+1} - A = A \cdot (FVIFA_{i,n+1} - 1)$$

先付年金的现值，由于付款时间的不同，在计算现值时，n 期后付年金比 n 期先付年金多折现一期。因此，可先求出 n 期后付年金的现值，再乘以 $(1+i)$，便可求出 n 期先付年金的现值，其计算公式为：

$$PVA = A \cdot PVIFA_{i,n} \cdot (1+i)$$

此外，还可根据 n 期先付年金与 $n-1$ 期后付年金的关系推导出另一计算公式。n 期先付年金现值与$n-1$期后付年金现值的折现期数相同，但比$n-1$期后付年金多一期不用折现的付款额A，因此，只要将$n-1$期后付年金的现值加上一期不用折现的付款额A，便可求出n期先付年金现值，其计算公式为：

$$PVA = A \cdot PVIFA_{i,n-1} + A = A \cdot (PVIFA_{i,n-1} + 1)$$

(3) 递延年金。

递延年金是指在最初若干期没有收付款项的情况下，后面若干期有等额的系列收付款项的年金。

递延年金的终值的大小，与递延期无关，只与年金共支付了多少期有关，它的计算方法与普通年金相同。

$$FVA = A \cdot FVIFA_{i,n}$$

递延年金的现值可用三种方法来计算。

方法一：把递延年金视为n期的普通年金，求出年金在递延期期末m点的现值，再将m点的现值调整到第一期期初，其计算公式为：

$$PVA = A \cdot PVIFA_{i,n} \cdot PVIF_{i,m}$$

方法二：先假设递延期也发生收支，则递延年金变成一个$m+n$期的普通年金，算出$m+n$期的年金现值，再扣除并未发生年金收支的m期递延期的年金现值，即可求得递延年金现值，其计算公式为：

$$PVA = A \cdot PVIFA_{i,m+n} - A \cdot PVIFA_{i,m}$$

方法三：先算出递延年金的终值，再将终值折算到第一期期初，即可求得递延年金的现值，其计算公式为：

$$PVA = A \cdot FVIFA_{i,n} \cdot PVIF_{i,m+n}$$

(4) 永续年金。

永续年金是指无限期的收入或支出相等金额的年金，也称永久年金。它也是普通年金的一种特殊形式，由于永续年金的期限趋于无限，没有终止时间，因而也没有终值，只有现值。永续年金的现值计算公式如下：

$$PVA = \frac{A}{i}$$

(四) 货币时间价值的应用

不等额现金流入或现金流出的计算实质上便是将复利和年金结合起来进行综合计算。

二、风险报酬

(一) 风险的概念

按风险的程度不同，可以把企业的财务决策分为确定性决策、风险性决策和不确定性决策三种。

财务管理的目标是企业理财活动所希望实现的结果，是评价企业理财活动是否合理的基本标准。

(二) 风险与报酬的关系与计量

风险报酬是投资报酬的组成部分。

投资者冒着风险进行投资而获得的超过货币时间价值的那部分额外收益，是对人们所遇到的风险的一种价值补偿，也称风险价值。

如果不考虑通货膨胀，投资者冒着风险进行投资所希望得到的投资报酬率是无风险报酬率与风险报酬率之和。

$$\text{投资报酬率} = \text{无风险报酬率} + \text{风险报酬率}$$

(三) 风险衡量

利用概率分布，期望值和标准差来计算与衡量风险的大小，是一种最常用的方法。

(1) 概率。

概率就是用来反映随机事件发生的可能性大小的数值，一般用 X 表示随机事件，X_i 表示随机事件的第 i 种结果，P_i 表示第 i 种结果出现的概率。一般随机事件的概率在 0 与 1 之间，即 $0 \leqslant P_i \leqslant 1$，$P_i$ 越大，表示该事件发生的可能性越大；反之，P_i 越小，表示该事件发生的可能性越小。所有可能的结果出现的概率之和一定为 1，即 $\sum_{i=1}^{n} P_i = 1$。

(2) 期望值。

期望值又称均值，它是随机变量各个可能取值以概率为权数的加权平均值。通常以字母 r 上划一短横线来表示。

$$\bar{r} = P_1 \cdot r_1 + P_2 \cdot r_2 + \cdots + P_n \cdot r_n = \sum_{i=1}^{n} P_i \cdot r_i$$

(3) 标准差。

标准差是用来衡量概率分布中各种可能值对期望值的偏离程度，反映风险的大小，标准差用 σ 表示。标准差的计算公式为：

$$\sigma = \sqrt{\sum_{i=1}^{n} (r_i - \bar{r})^2 \cdot P_i}$$

(4) 标准差系数。

标准差系数是指标准差与期望值的比值，也称离散系数，用 q 表示，计算公式如下：

$$q = \frac{\sigma}{\bar{r}}$$

(5) 风险报酬率。

投资者冒着风险进行投资而获得的超过货币时间价值的额外收益，称为风险报酬额。风险报酬额对于投资额的比率，则为风险报酬率。在实际工作中，风险价值通常用风险报酬率进行计量。

$$\text{风险报酬率} = \text{风险报酬斜率} \times \text{风险程度} = b \cdot q$$

式中，b 表示风险报酬斜率，q 表示风险程度。

第二部分　练　习　题

一、名词解释

1. 货币时间价值
2. 复利
3. 年金
4. 普通年金
5. 先付年金
6. 递延年金
7. 永续年金
8. 企业特有风险
9. 市场风险
10. 期望值
11. 标准差

二、单项选择题

1. 某企业希望在第5年年末取得本利和20 000元，则在年利率为2%，单利计息的方式下，此人现在应当存入银行（　　）元。

A. 18 114　　B. 18 181.82　　C. 18 004　　D. 18 000

2. 某企业目前向银行存入1 000元，银行存款年利率为2%，在复利计息的方式下，5年后可以从银行取出（　　）元。

A. 1 100　　B. 1 104.1　　C. 1 204　　D. 1 106.1

3. 某企业进行一项投资，预计6年后会获得880元，在年利率为5%，复利计息的情况下，这笔资金的现值为（　　）元。

A. 4 466.62　　B. 656.66　　C. 670.56　　D. 4 455.66

4. 企业有一笔5年后到期的贷款，到期值是15 000元，假设存款年利率为3%，则企业为偿还借款建立的偿债基金为（　　）元。

A. 2 825.34　　B. 3 275.32　　C. 3 225.23　　D. 2 845.34

5. 某企业分期购买一辆汽车，每年年末支付10 000元，分5次付清，假设年利率为5%，则该项分期付款相当于现在一次性支付（　　）元。

A. 55 256　　B. 43 295　　C. 43 290　　D. 55 265

6. 某企业进行一项投资，目前支付的投资额是10 000元，预计在未来6年内收回投资，在年利率是6%的情况下，为了使该项投资是合算的，那么企业每年至少应当收回（　　）元。

A. 1 433.63　　B. 1 443.63　　C. 2 023.64　　D. 2 033.64

7. 某一项年金前4年没有流入，后5年每年年初流入1 000元，则该项年金的递延期是（　　）年。

A. 4　B. 3　C. 2　D. 1

8. 某企业拟进行一项投资，希望进行该项投资后每半年都可以获得 1 000 元的收入，年收益率为 10%，则目前的投资额应是(　　)元。

A. 10 000　B. 11 000　C. 20 000　D. 21 000

9. 某企业于第 1 年年初向银行借款 30 000 元，预计在未来每年年末偿还借款 6 000 元，连续 10 年还清，则该项贷款的年利率约为(　　)。

A. 20%　B. 14%　C. 16%　D. 15%

10. 下列各项中，(　　)会引起企业财务风险。

A. 举债经营　B. 生产组织不合理

C. 销售决策失误　D. 新材料出现

11. 甲项目收益率的期望值为 10%，标准差为 10%；乙项目收益率的期望值为 15%，标准差为 10%，则可以判断(　　)。

A. 由于甲、乙项目的标准差相等，所以两个项目的风险相等

B. 由于甲、乙项目的期望值不等，所以无法判断二者的风险大小

C. 由于甲项目的期望值小于乙项目，所以甲项目的风险小于乙项目

D. 由于甲项目的标准离差率大于乙项目，所以甲项目的风险大于乙项目

12. 某公司从本年度起每年年末存入银行一笔固定金额的款项，若按复利制用最简便的算法计算第 n 年年末可以从银行取出的本利和，则应选用的时间价值系数为(　　)。

A. 复利终值系数　B. 复利现值系数

C. 普通年金终值系数　D. 普通年金现值系数

13. 某公司拟于 5 年后一次还清所欠债务 100 000 元，假定银行利息率为 10%，5 年 10%的年金终值系数为 6.1051，5 年 10%的年金现值系数为 3.7908，则从现在起每年年末等额存入银行的偿债基金应为(　　)元。

A. 16 379.75　B. 26 379.65　C. 379 080　D. 610 510

14. 已知甲、乙两个方案的投资收益率的期望值分别为 10%和 12%，两个方案都存在投资风险，在比较甲、乙两个方案的风险大小时应使用的指标是(　　)。

A. 标准差系数　B. 标准差　C. 协方差　D. 方差

15. 某企业投资一个项目，该项目的风险报酬系数为 0.5，标准差为 1.2%，期望报酬率为 15%，无风险报酬率为 8%，该项目的风险报酬率为(　　)。

A. 8%　B. 4%　C. 10%　D. 5%

16. (　　)是指在投资收益不确定的情况下，按估计的各种可能收益水平及其发生的概率计算的加权平均数。

A. 期望投资收益　B. 实际投资收益

C. 无风险收益　D. 必要投资收益

17. 在资金时间价值的计算中，公式符号 $\sum_{t=1}^{n}\frac{1}{(1+i)^t}$ 被称为(　　)。

A. 复利终值系数　B. 复利现值系数

C. 年金终值系数　D. 年金现值系数

18. A 方案在 3 年中每年年初付款 100 元，B 方案在 3 年中每年年末付款 100 元，若利率为 10%，则 A 方案和 B 方案在第 3 年年末时的终值之差为（　　）。

A. 33.1　　B. 31.3　　C. 133.1　　D. 13.31

19. 一项 500 万元的借款，借款期 5 年，年利率 8%，若每半年复利一次，年实际利率会高出名义利率（　　）。

A. 4%　　B. 0.24%　　C. 0.16%　　D. 0.8%

20. 投资于国债时，可以不必考虑的风险是（　　）。

A. 违约风险　　B. 再投资风险

C. 购买力风险　　D. 利率风险

三、多项选择题

1. 年金是指一定时期内每期等额收付的系列款项，下列各项属于年金形式的有（　　）。

A. 按照直线法计提的折旧　　B. 等额本息分期付款

C. 融资租赁的租金　　D. 养老金

2. 某企业决定在未来 5 年内每年年初存入银行 1 000 元（共存 5 次），年利率为 2%，则在第 5 年年末能一次性取出的金额计算正确的有（　　）。

A. $1\,000 \times FVIFA_{2\%,5}$　　B. $1\,000 \times FVIFA_{2\%,5} \times (1+2\%)$

C. $1\,000 \times FVIFA_{2,5\%} \times PVIF_{2\%,1}$　　D. $1\,000 \times (FVIFA_{2\%,6} - 1)$

3. 某项年金前 3 年没有流入，从第 4 年开始每年年末流入 1 000 元，共计 4 次，假设年利率为 8%，则该递延年金现值的计算公式正确的有（　　）。

A. $1\,000 \times PVIFA_{8\%,4} \times PVIF_{8\%,4}$　　B. $1\,000 \times (PVIFA_{8\%,8} - PVIF_{8\%,4})$

C. $1\,000 \times (PVIFA_{8\%,7} - PVIF_{8\%,3})$　　D. $1\,000 \times FVIFA_{8\%,4} \times PVIF_{8\%,7}$

4. 下列各项所引起的风险，属于系统风险的有（　　）。

A. 自然灾害　　B. 通货膨胀

C. 销售决策失误　　D. 企业员工罢工

5. 单项资产风险与报酬中下列公式正确的有（　　）。

A. 风险收益率＝风险价值系数×标准离差率

B. 风险收益率＝风险价值系数×标准离差

C. 投资总收益率＝无风险收益率＋风险收益率

D. 投资总收益率＝无风险收益率＋风险价值系数×标准离差率

6. 下列各项中，能够衡量风险的指标有（　　）。

A. 方差　　B. 标准差　　C. 期望值　　D. 标准离差率

7. 下列各项中，属于企业特有风险的有（　　）。

A. 经营风险　　B. 利率风险　　C. 财务风险　　D. 汇率风险

8. 某公司计划购置一台设备，付款条件是从第 3 年开始，每年年末支付 5 万元，连续支付 10 年，则相当于该公司现在一次性支付（　　）万元。假设资本成本为 10%。

A. $5 \times (PVIFA_{10\%,12} - PVIFA_{10\%,2})$

B. $5\times(PVIFA_{10\%,12}-PVIFA_{10\%,3})$

C. $5\times PVIFA_{10\%,10}\times PVIF_{10\%,2}$

D. $5\times PVIFA_{10\%,13}\times PVIF_{10\%,2}$

9. 资金的时间价值是指(　　)。

A. 资金随着时间自行增值的特性

B. 资金经过一段时间的投资和再投资所增加的价值

C. 现在的1元钱与几年后的1元钱的经济效用不同

D. 没有通货膨胀和风险条件下的社会平均资金利润率

10. 年金按其每次收付发生的时点不同,可分为(　　)。

A. 普通年金　　B. 即付年金　　C. 递延年金　　D. 永续年金

11. 关于风险的度量,以下说法中,正确的有(　　)。

A. 利用概率分布的概念,可以对风险进行衡量

B. 期望报酬的概率分布越集中,该投资的风险越小

C. 期望报酬的概率分布越集中,该投资的风险越大

D. 标准差越小,概率分布越集中,相应的风险也就越小

12. 年金具有下列哪些特点(　　)。

A. 同金额　　B. 同间距　　C. 同方向　　D. 同项目

13. 财务决策按其性质可分为(　　)。

A. 确定性决策　　B. 风险性决策

C. 收益性决策　　D. 不确定性决策

14. 下列关于年金的各种说法中,正确的是(　　)。

A. 年偿债基金为普通年金终值的逆运算

B. 普通年金又称先付年金或预付年金

C. 预付年金又称即付年金或先付年金

D. 预付年金的现值系数是在普通年金现值系数的基础上“期数减1,系数加1”

15. 下列有关年金的说法中,正确的是(　　)。

A. n期先付年金比n期后付年金的付款次数多1次

B. n期先付年金与n期后付年金的付款时间不同

C. n期先付年金现值比n期后付年金现值多贴现1期

D. n期先付年金现值等于n期后付年金现值乘以(1+贴现率)

四、判断题

1. 货币的时间价值原理,正确地揭示了不同时点上资金之间的换算关系,是财务决策的基本依据。　(　　)

2. 由现值求终值,称为贴现,贴现时使用的利息率称为贴现率。　(　　)

3. 资金时间价值相当于在没有风险情况下的社会平均资金利润率。　(　　)

4. 利率不仅包含时间价值,而且包含风险价值和通货膨胀补偿率。　(　　)

5. 每半年付息一次的债券利息是一种年金的形式。　(　　)

6. 即付年金的现值系数是在普通年金的现值系数的基础上系数加 1，期数减 1 得到的。（　）

7. 递延年金有终值，终值的大小与递延期是有关的，在其他条件相同的情况下，递延期越长，则递延年金的终值越大。（　）

8. 某企业贷款 5 000 元，该项贷款的年利率是 6%，每半年计息 1 次，则 3 年后该项贷款的本利和为 5 955 元。（　）

9. 在利率和计息期数相同的条件下，复利现值系数与复利终值系数互为倒数。（　）

10. 在本金和利率相同的情况下，若只有 1 个计息期，单利终值与复利终值是相同的。（　）

11. 企业每月月初支付的等额工资称为预付年金。（　）

12. 货币的时间价值是由时间创造的，因此，所有的货币都有时间价值。（　）

13. 两个方案进行对比，标准差系数越小，说明风险越大。（　）

14. 在通常情况下，资金时间价值是在既没有风险又没有通货膨胀条件下的社会平均投资报酬率。（　）

15. 永续年金与其他年金一样，既有现值，又有终值。（　）

16. n 期先付年金与 n 期后付年金的付款次数相同，但由于付款时间的不同，n 期先付年金终值比 n 期后付年金终值多计算 1 期利息。所以，可先求出 n 期后付年金的终值，然后再乘以 $(1+i)$ 便可求出 n 期先付年金的终值。（　）

17. 英国和加拿大有一种国债是没有到期日的债券，这种债券的利息视为永续年金。（　）

18. 复利计息频数越大，复利次数越多，终值的增长速度越快，相同期间内终值越大。（　）

19. 如果两个项目预期收益率相同、标准差不同，理性投资者会选择标准差较大，即风险较小的那个。（　）

20. 经济危机、通货膨胀、经济衰退以及高利率通常被认为是可分散的市场风险。（　）

21. 政府发行的短期债券有国家财力作后盾，其本金的安全性非常高，通常视为无风险证券。（　）

22. 利率随时间上下波动，利率的下降会导致流通在外的债券价格的下降。（　）

23. 当两个目标投资公司的预期收益相同时，标准差小的公司风险较低。（　）

24. 随着折现率的提高，未来某一款项的现值将逐渐增加。（　）

25. 利用概率分布的概念，我们能够对风险进行衡量，即预期未来收益的概率分布越集中，则该投资的风险越大。（　）

五、计算题

1. 假设利民工厂有一笔 123 600 元的资金，准备存入银行，希望在 7 年后利用这笔款项的本利和购买一套生产设备，当时的银行存款利率为复利 10%，该设备的预计价格为 240 000 元。

要求：用数据说明 7 年后利民工厂能否用这笔款项的本利和购买设备。

2. 某合营企业于年初向银行借款 500 000 元购买设备，第 1 年年末开始还款，每年还款一次，等额偿还，分 5 年还清，银行借款利率为 12%。

要求：计算每年应还款多少？

3. 某企业现在准备存入一笔钱，以便在以后的 20 年中每年年底得到 3 000 元，银行存款利率为 10%。

要求：计算该企业目前应存入多少钱？

4. 时代公司目前向银行存入 140 000 元，以便在若干年后获得 300 000 元，现假设银行存款利率为 8%，每年复利一次。

要求：计算需要多少年存款的本利和才能达到 300 000 元。

5. 某企业基建 3 年，每年年初向银行贷款 100 万元，年利率为 10%，银行要求企业建成投产 3 年后一次性还款。

要求：计算企业到时应偿还多少？若银行要求企业建成投产 2 年后分 3 年偿还，计算企业每年应偿还多少？

6. 某公司拟租赁一间厂房，期限是 10 年，假设年利率是 10%，出租方提出以下几种付款方案：

(1) 立即支付全部款项，共计 20 万元。

(2) 从第 4 年开始每年年初付款 4 万元，至第 10 年年初结束。

(3) 第 1 到 8 年每年年末支付 3 万元，第 9 年年末支付 4 万元，第 10 年年末支付 5 万元。

要求：通过计算回答该公司应选择哪一种付款方案比较合算？

7. 东方公司需用一台设备，买价为 1 600 元，可用 10 年。如果租用，则每年年初需付租金 200 元。除此以外，买与租的其他情况相同。假设利率为 6%。

要求：用数据说明购买与租用何者为优？

8. 甲企业向乙企业借入一笔款项，借款年利率为 10%，每年复利计息一次，借款合同规定，前 10 年不用还本付息，但从第 11 年到第 20 年每年年末需偿还本息 5 000 元。

要求：计算这笔借款的现值。

9. 某公司正考虑买入一台机器，预计产生的现金流量如表 2-1 所示。

表 2-1　　预计产生的现金流量　　单位：元

时间	1	2	3	4	5	6	7	8	9	10
现金流量	1 200	2 000	2 400	1 900	1 600	1 400	1 400	1 400	1 400	1 400

要求：如果确定的年贴现率为 14%，则该现金流量的现值是多少？

10. 某公司拟购置一处房产，房主提出两种付款方案：

(1) 从现在起，每年年初支付 200 000 元，连续支付 10 次，共 2 000 000 元。

(2) 从第 5 年开始，每年年初支付 250 000 元，连续支付 10 次，共 2 500 000 元。

要求：说明当该公司的资本成本(即年最低报酬率)为 10%时，该公司应选择哪个方案？

11. 假设红星电器厂准备投资开发集成电路生产线，根据市场预测，预计可能获得的年报酬及概率见表2-2。

表2-2　　预计可能获得的年报酬及概率　　单位:万元

市场状况	预计年报酬(X_i)	概率(P_i)
繁荣	600	0.3
一般	300	0.5
衰退	0	0.2

已知电器行业的风险报酬系数为8%,无风险报酬率为6%。

要求:计算红星电器厂该方案的期望报酬额、标准差、标准离差率、风险报酬率。

六、案例分析题

要住房还是拿房帖

王博士是国内某领域的知名专家,某日接到一家上市公司的邀请函,邀请他作为公司的技术顾问,指导开发新产品。邀请函的具体条件如下:

1. 每个月来公司指导工作一天。
2. 每年聘金为20万元。
3. 提供公司所在城市住房一套,价值为100万元。
4. 在公司至少工作6年。

王博士对以上工作待遇很感兴趣,对公司开发的新产品也很有研究,决定应邀。但他不想接受住房,因为每月仅到公司工作一天,住公司招待所就可以了。因此他向公司提出,能否将提供住房改为发住房补贴。公司研究了王博士的请求,决定可以在今后6年的每年年初支付王博士25万元住房补贴。

收到公司的通知后,王博士又犹豫起来:如果向公司要住房,可以将其出售,扣除售价5%的契税和手续费,他可以获得95万元的现金,而若接受住房补贴,则每年年初可获得25万元。假设每年存款利率3%,则王博士应该如何选择?

如果王博士本身是一个企业的业主,其资金的投资回报率为25%,则他又该如何选择呢?

第三部分　参考答案

一、名词解释

1. 货币时间价值

货币时间价值是指在没有风险和没有通货膨胀的情况下,一定量货币在不同时点的价值差额。

2. 复利

复利是指不仅本金要计算利息,利息也要计算利息,即通常所说的“利滚利”。

3. 年金

年金是指在一定时期内，每隔相同的时间，收入或支出相等金额的系列款项。

4. 普通年金

普通年金是指每期期末，收入或支出相等金额的系列款项。

5. 先付年金

先付年金是指每期收入或支出相等金额的款项发生在每期的期初，而不是期末，也称即付年金。

6. 递延年金

递延年金是指在最初若干期没有收付款项的情况下，后面若干期有等额的系列收付款项的年金。

7. 永续年金

永续年金是指无限期的收入或支出相等金额的年金，也称永久年金。

8. 企业特有风险

企业特有风险是指个别企业的特有事件造成的风险。它是随机发生的，只与个别企业和个别投资项目有关，不涉及所有企业和所有项目，可以分散，又称非系统风险或可分散风险。

9. 市场风险

市场风险是指影响所有企业的风险。它由企业的外部因素引起，企业无法控制、无法分散，涉及所有的投资对象，又称系统风险或不可分散风险。

10. 期望值

期望值又称均值，是指随机变量各个可能取值以概率为权数的加权平均值。

11. 标准差

标准差是指用来衡量概率分布各种可能值对期望值的偏离程度，反映风险的大小。

二、单项选择题

1. B	2. B	3. B	4. A	5. B	6. D	7. B	8. C	9. D	10. A
11. D	12. C	13. A	14. A	15. B	16. A	17. D	18. A	19. C	20. A

重难点解析：

1. 根据题意，首先判断出是已知终值求现值，其次题目中说是按单利计算，所以选B。

2. 根据题意，判断是已知现值求终值，其次题目中明确复利计息，所以可查找复利终值系数表得5年、利率2%的复利终值系数为1.1041，可求得答案为B。

3. 根据题意，判断是已知终值求现值，其次题目中明确复利计息，所以可查找复利现值系数表得6年、利率5%的复利现值系数为0.7462，可求得答案为B。

4. 偿债基金是指每年偿还相同金额，因此本题已知年金终值，求 A。即 $A \times FVIFA_{3\%,5} = 15\ 000$（元）。

5. $10\ 000 \times PVIFA_{3\%,5} = 10\ 000 \times 4.3295 = 43\ 295$（元）

6. $A \times PVIFA_{6\%,6} = 10\ 000$

7. 根据题意在第5年年初有年金流入量，通过时间线可知，第5年年初即第4年年末，故而递延期为 3 年。

8. 永续年金求现值。A 为 1 000 元，半年利率为 5%。1 000÷5%=20 000(元)

9. $6\ 000 \times PVIFA_{i,10}=30\ 000$，通过查年金现值系数表，求出 i 接近 15%。

10. 只有选项 A 举债经营才会引起财务风险，其他选项可引起企业的其他风险，如经营风险。

11. 期望值并不能用于评价风险的大小，所以选项 C 错误。在期望值不同的情况下，应当使用标准离差率衡量风险的大小，且根据本题条件能够计算两项目的标准离差率，所以选项 AB 错误，选项 D 正确。

12. 每年年末存入一笔固定的金额，并在第 n 年年末取出，符合普通年金的特征，因此采用普通年金终值系数。

13. 偿债基金是指每年偿还相同金额，因此本题已知年金终值，求 A。即 $A \times FVIFA_{10\%,5}=100\ 000$。

14. 对于期望值相同的方案可使用标准差来衡量风险，但是对于期望值不同的方案，可利用标准差系数进行衡量风险。

15. 风险报酬率 $=\beta \cdot V=0.5 \times \dfrac{1.2\%}{15\%}=4\%$

16. 期望投资收益是指在投资收益不确定的情况下，按估计的各种可能收益水平及其发生的概率计算的加权平均数。

18. $100 \times FVIFA_{10\%,3} \times 10\%=100 \times 3.3100 \times 10\%=33.1$(元)

19. 实际利率 $=\left(1+\dfrac{r}{m}\right)^{m}-1=\left(1+\dfrac{8\%}{2}\right)^{2}-1=8.16\%$，高出名义利率 0.16%。

20. 国债是国家发行的债券，不必考虑违约风险。

三、多项选择题

1. ABCD	2. BD	3. CD	4. AB	5. ACD
6. ABD	7. AC	8. AC	9. BCD	10. ABCD
11. ABD	12. ABC	13. ABD	14. ACD	15. BD

重难点解析：

1. 年金是指一定时期内每期等额收付的系列款项，年金的形式多种多样，如保险费、养老金、折旧、租金、等额分期收(付)款以及零存整取或者整存零取储蓄等。

2. 本题是即付年金求终值的问题，即付年金终值系数有两种计算方法：一是普通年金终值系数×(1+i)，即选项 BC；一种是在普通年金终值系数的基础上期数加 1，系数减 1，即选项 D。

3. 递延年金第一次流入发生在第 4 年年末，所以递延年金的递延期 $m=4-1=3$ 年，$n=4$，所以递延年金的现值 $=1\ 000 \times (PVIFA_{8\%,7}-PVIF_{8\%,3})=1\ 000 \times FVIFA_{8\%,4} \times PVIF_{8\%,7}$。

4. 系统风险是指风险的起源与影响方面都不与特定的组织或个人有关，至少是某个特定组织或个人所不能阻止的风险，即全社会普遍存在的风险，如战争、自然灾害、经济衰退等带来的风险。罢工和销售决策失误引起的是特定风险。

5. 投资总收益率＝无风险收益率＋风险收益率，风险收益率＝风险价值系数×标准离差率。投资总收益率＝无风险收益率＋风险价值系数×标准离差率。

7. 题目中的选项AC属于企业特有风险，而选项BD则是所有企业共有的风险，即市场风险。

10. 年金每次收付时间点在年初为即付年金又称先付年金，收付时间点在年末即为普通年金，而在一段时间之后则为递延年金。永续年金是无限期的收入或支出相等金额的年金。

13. 财务决策按其性质分为确定性决策、风险性决策和不确定性决策三种。

14. $\frac{1}{FVIFA_{i,n}}$称作偿债基金系数。

15. n期先付年金与n期后付年金的付款次数相同，选项A错误。n期先付年金与n期后付年金的付款时间不同，选项B正确。n期先付年金现值比n期后付年金现值少贴现1期，选项C错误。n期先付年金现值等于n期后付年金现值乘以(1＋贴现率)，选项D正确。

四、判断题

1. √	2. ×	3. ×	4. √	5. √	6. √	7. ×	8. ×	9. √	10. √
11. √	12. ×	13. ×	14. √	15. ×	16. √	17. √	18. √	19. ×	20. ×
21. √	22. ×	23. √	24. ×	25. ×					

重难点解析：

2. 由终值求现值，称为贴现，贴现时使用的利息率称为贴现率。

3. 资金时间价值相当于在没有风险和通货膨胀的情况下的社会平均资金利润率。

5. 在年金中，系列等额收付的间隔期间只需要满足“相等”的条件即可，间隔期间可以不是1年。所以本题的说法正确。

7. 递延年金有终值，但是终值的大小与递延期无关。

8. 半年计息的情况下，贴现率为3%，期数为6，现值为5 000，利用复利终值系数表求终值。

12. 投入生产经营是随时间延续带来货币价值增值的前提。

13. 两个方案对比，标准差系数越小，表明可能值与期望值偏离程度越小，结果的不确定性就越小，风险也就越小。

15. 永续年金只有现值，没有终值。

19. 如果两个项目进行比较标准差，标准差越大，表明结果的不确定性越大。而不确定性越大则说明风险越大，所以投资者应该选择标准差较小的方案。

20. 经济危机、通货膨胀、经济衰退以及高利率都属于市场风险，而市场风险是不可分散风险，又称为系统风险。本题主要是对可分散风险及不可分散风险概念的考查。

22. 利率下降即贴现率下降，在其他条件不变的情况下，贴现率降低，现值系数升高，发行在外的债券价格升高。

24. 在折现期间不变的情况下，折现率越高，折现系数则越小，因此，未来某一款项的现值越小。

25. 利用概率分布的概念，我们能够对风险进行衡量，即预期未来收益的概率分布越集中，则该投资的风险越小。

五、计算题

1. 解：由复利终值的计算公式可知：

$$FV = PV \times FVIF_{i,n}$$
$$= 123\ 600 \times FVIF_{10\%,7}$$
$$= 123\ 600 \times 1.9487 = 240\ 859.32(\text{元})$$

从以上计算可知，7 年后这笔款的本利和为 240 859.32 元，比设备价格高 859.32 元，所以，7 年后利民工厂可以用这笔款的本利和购买设备。

2. 解：由普通年金现值的计算公式可知：

$$PV = A \times PVIFA_{i,n}$$
$$500\ 000 = A \times PVIFA_{12\%,5}$$
$$A = \frac{500\ 000}{PVIFA_{12\%,5}} = \frac{500\ 000}{3.6048} = 138\ 703.95(\text{元})$$

由以上计算可知，每年应还款 138 703.95 元。

3. 解：由普通年金现值的计算公式可知：

$$PV = A \times PVIFA_{i,n}$$
$$= 3\ 000 \times PVIFA_{10\%,20}$$
$$= 3\ 000 \times 8.5136 = 25\ 540.8(\text{元})$$

由以上计算可知，该企业目前应存入 25 540.8 元。

4. 解：由复利终值的计算公式可知：

$$FV = PV \times FVIF_{i,n}$$
$$FVIF_{i,n} = \frac{FV_n}{PV}$$
$$FVIF_{8\%,n} = \frac{300\ 000}{140\ 000} = 2.1428$$

查复利终值系数表得，在 8% 一栏中，与 2.1428 接近但比 2.1428 小的终值系数为 1.9990，其期数为 9 年，比 2.1428 大的终值系数为 2.1589，其期数为 10 年。所以，求得 n 值一定在 9 年和 10 年之间，利用差值法可知：$n = 9.9$(年)。

从以上计算结果可知，9.9 年后，本利和才能达到 300 000 元。

5. 解：建成投产 3 年后(即第 6 年年末)一次性应偿还的金额：

$$FA = 100 \times FVIFA_{10\%,3} \times (1 + 10\%) \times FVIF_{10\%,3} = 100 \times 3.3100 \times 1.1 \times 1.3310$$
$$= 484.62(\text{万元})$$

如果银行要求建成投产2年后分3年偿还，则平均每年应偿还的金额：

$100 \times FVIFA_{10\%,3} \times (1+10\%) \times FVIF_{10\%,2} = A \times PVIFA_{10\%,3}$

$A = 177.15$(万元)

6. 解：第一种付款方案支付款项的现值是20万元。

第二种付款方案是一个递延年金求现值的问题，第一次收付发生在第4年年初即第3年年末，所以递延期是2年，等额支付的次数是7次，所以：

$PV = 4 \times PVIFA_{10\%,7} \times PVIF_{10\%,2}$

$= 16.09$(万元)

第三种付款方案前8年是普通年金的问题，最后2年属于一次性收付款项，所以：

$PV = 3 \times PVIFA_{10\%,8} + 4 \times PVIF_{10\%,9} + 5 \times PVIF_{10\%,10}$

$= 3 \times 5.3349 + 4 \times 0.4241 + 5 \times 0.3855 = 19.63$(万元)

因为三种付款方案中，第二种付款方案的现值最小，所以应当选择第二种付款方案。

7. 解：先利用先付年金现值的计算公式计算出10年的租金现值。

$PV = A \times PVIFA_{i,n} \times (1+i)$

$= 200 \times PVIFA_{6\%,10} \times (1+6\%)$

$= 200 \times 7.3601 \times 1.06$

$= 1\ 560.34$(元)

由以上计算结果可知，10年租金现值低于买价，因此选择租用设备。

8. 解：

$PV = A \times PVIFA_{i,n} \times PVIF_{i,n}$

$= 5\ 000 \times PVIFA_{10\%,10} \times PVIF_{10\%,10}$

$= 5\ 000 \times 6.1446 \times 0.3855$

$= 11\ 843.72$(元)

9. 解：

$PV = 1\ 200 \times PVIF_{14\%,1} + 2\ 000 \times PVIF_{14\%,2} + 2\ 400 \times PVIF_{14\%,3} + 1\ 900 \times PVIF_{14\%,4} + 1\ 600 \times PVIF_{14\%,5} + 1\ 400 \times PVIFA_{14\%,5} \times PVIF_{14\%,5}$

$= 1\ 200 \times 0.8772 + 2\ 000 \times 0.7695 + 2\ 400 \times 0.6750 + 1\ 900 \times 0.5921 + 1\ 600 \times 0.5194 + 1\ 400 \times 3.4331 \times 0.5194$

$= 8\ 664.08$(元)

10. 解：要比较两个方案，就必须将两方案付款的现值进行比较。

第一种方案是一个10年期的即付年金，其现值为：

$PV = A \times (PVIFA_{i,n-1} + 1)$

$= 200\ 000 \times (PVIFA_{10\%,10-1} + 1)$

$= 200\ 000 \times (5.7590 + 1)$

$= 1\ 351\ 800$(元)

第二种方案是一个延期3年的10年期递延年金，其现值为：

$PV = A \times PVIFA_{i,n} \times PVIF_{i,m}$

$= 250\ 000 \times PVIFA_{10\%,10} \times PVIF_{10\%,3}$

$=250\ 000 \times 6.1446 \times 0.7513$

$=1\ 154\ 109.50$(元)

因为第二种方案净现值更低，所以应选择第二个方案。

11. 解：(1) 计算期望报酬额。

$$\bar{r} = \sum_{i=1}^{n} r_i p_i$$

$=600 \times 0.3 + 300 \times 0.5 + 0 \times 0.2$

$=330$(万元)

(2) 计算投资报酬额的标准差。

$$\sigma = \sqrt{\sum_{i=1}^{n} (r_i - \bar{r})^2 \cdot P_i}$$

$=\sqrt{(600-330)^2 \times 0.3 + (300-330)^2 \times 0.5 + (0-330)^2 \times 0.2}$

$=\sqrt{44\ 100} = 210$(万元)

(3) 计算标准离差率。

$$q = \frac{\sigma}{\bar{r}} = \frac{210}{330} = 0.64$$

(4) 导入风险报酬系数，计算风险报酬率。

风险报酬率 $= b \times q = 8\% \times 0.64 = 5.12\%$

(3)(4)表示的标准离差率不一致。

六、案例分析题

解决上述问题，主要是比较王博士每年收到的 25 万元现金与售房 95 万元的大小问题。由于住房补贴每年年初发放，对王博士来说是一个先付年金。其现值计算如下：

$PV = 25 \times PVIFA_{3\%,6} \times (1+3\%)$

$=25 \times 5.4172 \times 1.03$

$=139.49$(万元) $>$ 95(万元)

显然，从这一点来说，王博士应该接受住房补贴。

在投资回报率为 25%的条件下，每年 25 万元的住房补贴现值为：

$PV = 25 \times PVIFA_{25\%,6} \times (1+3\%)$

$=25 \times 2.6893 \times 1.03$

$=69.25$(万元) $<$ 95(万元)

在这种情况下，王博士应接受住房，然后卖掉住房，进行再投资。

第三章　筹 资 管 理

第一部分　内 容 概 要

一、企业筹资概述

(一) 企业筹资的动机

(1) 扩张性筹资动机是指企业因扩大生产经营规模或增加对外投资而产生的追加筹资的动机。

(2) 调整性筹资动机是指企业因调整现有资本结构的需要而产生的筹资动机。资本结构是指企业各种筹资的构成及其比例关系，企业的资本结构是企业采取的各种筹资方式组合而形成的。

(3) 混合性筹资动机是指上述两种筹资动机的混合，既为生产经营或对外投资，又为偿还债务。

(二) 企业筹资的基本原则

企业筹资基本原则包括：①合法性原则。②效益性原则。③合理性原则。④及时性原则。

(三) 企业筹资的渠道与方式

1. 企业筹资渠道

企业的筹资渠道是指企业筹集资金来源的方向与通道，体现着资本的源泉和流量。企业的筹资渠道可以归纳为如下七种：①政府财政资本。②银行信贷资本。③非银行金融机构资本。④其他法人资本。⑤民间资本。⑥企业内部资本。⑦国外和我国港澳台地区资本。

2. 企业筹资方式

按照资本属性的不同，企业长期筹资可以分为权益性筹资、债务性筹资和混合性筹资。

(1) 权益性筹资形成企业的股权资本，也称为股权性筹资，是指企业依法取得并长期拥有，可自主调配运用的资本。权益性筹资主要有投入资本筹资、发行股票筹资和留存收益筹资三种方式。

(2) 债务性筹资形成企业的债务资本，亦称负债资本，是指企业依法取得并依法运用、按期偿还的资本，债务性筹资主要包括长期借款筹资、发行债券筹资和融资租赁筹资三种方式。

(3) 混合性筹资是指兼具权益性筹资和债务性筹资双重属性的筹资类型，混合性筹资主要包括发行优先股筹资、发行可转换债券筹资和认股权证筹资三种方式。

二、权益资金的筹集与管理

(一) 注册资本制度

(1) 注册资本是企业法人资格存在的物质要件，是股东对企业承担有限责任的界限，也是股东行使股权的依据和标准。

(2) 注册资本制度的模式。公司注册资本制度的模式主要有三种:①实缴资本制。②认缴资本制。③折中资本制。

(二) 投入资本筹资

投入资本筹资是指非股份制企业按照"共同投资、共同经营、共担风险、共享利润"的原则直接吸收国家、法人、个人投资者投入资金的一种筹资方式。吸收投资与发行股票、留存收益筹资都是企业筹集自有资金的重要方式。

1. 投入资本筹资的种类

(1) 按筹资来源划分,投入资本筹资分为以下四类:①吸收国家直接投资,形成企业的国有资本。②吸收其他企业、事业单位等法人的直接投资,形成企业的法人资本。③吸收企业内部职工和社会公众的直接投资,形成企业的个人资本。④吸收外国投资者和我国港澳台投资者的直接投资,形成企业的外商资本。

(2) 按投资者的出资形式划分,投入资本筹资分为以下两类:①吸收现金投资。②吸收非现金投资。非现金投资主要包括两种形式:一是材料、燃料、产品、房屋建筑物、机器设备等实物资产投资,二是专利权、非专利技术、商标权、土地使用权等无形资产投资。

2. 投入资本筹资的程序

投入资本筹资的程序包括:①确定投入资本筹资所需的资金数量。②寻找投资单位,商定投资数额和出资方式。③签署投资协议。④执行投资协议。

3. 投入资本筹资的优点

投入资本筹资的优点有:①筹资方式简便、筹资速度快。②有利于增强企业信誉。③有利于企业尽快形成生产能力。④有利于降低企业财务负担

4. 投入资本筹资的缺点

投入资本筹资的缺点有:①资本成本较高。②容易分散企业控制权。

(三) 发行普通股股票筹资

1. 普通股股东的权利

普通股股东的权利包括:①普通股股东拥有对公司的管理权。②盈余分享权。③出售或转让股份权。④优先认股权。⑤剩余财产要求权。

普通股股东的管理权主要表现为:①投票权。②查账权。③阻止越权的权利。

2. 股票的种类

(1) 股票按股东的权利和义务分类,可分为普通股和优先股。

(2) 股票按票面有无记名分类,可分为记名股票和无记名股票。

(3) 股票按票面是否标明金额分类,可分为有面额股票和无面额股票。

(4) 股票按投资主体的不同分类,可分为国家股、法人股、个人股和外资股。

(5) 股票按发行时间的先后分类,可分为始发股和新股。

(6) 股票按发行对象和上市地区分类,可分为A股、B股、H股、N股和S股。

3. 股票发行的条件:①公司的组织机构健全、运行良好。②公司的盈利能力具有可持续性。③公司的财务状况良好。④公司募集资金的数额和使用符合规定。

4. 股票发行方式

股票发行方式指公司通过何种途径发行股票。总的来讲,股票的发行方式可分为以下

两类:①公开发行。②不公开发行。

5. 股票销售方式

股票销售方式,是指股份有限公司向社会公开发行股票时所采取的股票销售方式,有自销和承销两种方式。承销方式包括包销和代销两种。

6. 普通股筹资的优点

普通股筹资的优点包括:①普通股没有固定的财务负担。②普通股资本没有到期日,不用偿还本金。③普通股筹资的财务风险小。④发行普通股能增加股份制公司的信誉。⑤普通股筹资限制较少。

7. 普通股筹资的缺点

普通股筹资的缺点包括:①资本成本较高。②容易分散控制权。

(四) 留存收益筹资

(1) 留存收益筹资的渠道。留存收益筹资的渠道有盈余公积和未分配利润两个方面。

(2) 留存收益筹资的优点包括:①留存收益筹资的资本成本较普通股筹资的成本低。②保持普通股股东的控制权。③增强公司的信誉。

(3) 留存收益筹资的缺点包括:①筹资数额有限制。②资金使用受制约。

三、负债资金的筹集与管理

(一) 长期借款

长期借款是指企业根据合同从有关银行或非银行金融机构借入的、偿还期在 1 年以上的各种借款。

1. 长期借款的种类

(1) 按担保条件划分,长期借款可分为信用贷款、担保贷款。担保贷款按担保方式,可分为保证贷款、抵押贷款和质押贷款。

(2) 按贷款的用途划分,长期借款可分为基本建设贷款、更新改造贷款、科研开发和新产品试制贷款。

(3) 按提供贷款的机构划分,长期借款可分为政策性银行贷款、商业银行贷款和非银行金融机构贷款。

2. 长期借款的信用条件

按照国际惯例,长期借款往往附加一些信用条件,主要有授信额度、周转授信协议、补偿性余额。

3. 长期借款的程序

长期借款的程序包括:①企业提出申请。②银行进行审批。③签订借款合同。④企业取得借款。⑤企业偿还借款。

4. 长期借款筹资的优点

长期借款筹资的优点包括:①筹资速度快。②筹资成本较低。③借款弹性较大。④发挥财务杠杆的作用。

5. 长期借款筹资的缺点

长期借款筹资的缺点包括:①筹资风险较高。②限制条件较多。③筹资数量有限。

(二) 发行债券

债券是债务人为筹集债务资本而发行的，约定在一定期限内向债权人还本付息的有价证券。

1. 债券的分类

(1) 公司债券按有无记名分类，可分为记名债券与无记名债券。

(2) 公司债券按有无抵押担保分类，可分为抵押债券与信用债券。

(3) 公司债券按利率是否变动分类，可分为固定利率债券与浮动利率债券。

(4) 公司债券按是否参与利润分配，可分为参与债券与非参与债券。

(5) 公司债券按债券持有人的特定权益，可分为收益债券、可转换债券和附认股权债券。

(6) 公司债券按是否上市交易，可分为上市债券与非上市债券。

2. 发行债券的程序

发行债券的程序包括：①做出发行债券的决议或决定。②提出发行债券的申请。③公告债券募集办法。④发售债券，募集款项，登记债券存根簿。

3. 债券的发行

(1) 发行方式。债券的发行方式分为公募发行和私募发行两类。

(2) 发行债券的要素包括：①债券面额。②票面利率。③市场利率。④债券期限。

4. 确定债券发行价格的方法

在实务中，公司债券的发行价格通常有三种情况，即等价发行、溢价发行和折价发行。

债券的发行价格可按下列公式测算：

$$\text{债券发行价格} = \frac{F}{(1+R_M)^n} + \sum_{t=1}^{n} \frac{I}{(1+R_M)^t}$$

式中，F 表示债券面额，即债券到期偿付的本金；I 表示债券年利息，即债券面额与债券票面年利率的乘积；R_M 表示债券发售时的市场利率；n 表示债券期限；t 表示债券付息期数。

债券筹资的优点有：①资本成本较低。②保障股东控制权。③发挥财务杠杆作用。

债券筹资的缺点有：①筹资风险高。②限制条件多。③筹资数额有限。

(三) 融资租赁

1. 租赁的含义

租赁是出租人以收取租金为条件，在契约或合同规定的期限内，将资产租借给承租人使用的一种经济行为。

2. 租赁的种类

现代租赁的种类很多，通常按性质分为经营租赁和融资租赁两大类。

(1) 经营租赁。经营租赁(Operating Leasing)又称营运租赁，是由出租人向承租企业提供租赁设备，并提供设备维修保养和人员培训等的服务性业务。

(2) 融资租赁。融资租赁(Financing Leasing)又称资本租赁、财务租赁，是由租赁公司按照承租企业的要求融资购买设备，并在契约或合同规定的较长期限内提供给承租企业使用的信用性业务，是现代租赁的主要类型。

3. 融资租赁的形式

融资租赁的形式包括:①直接租赁。②售后租回。③杠杆租赁

4. 融资租赁的程序

融资租赁的程序包括:①选择租赁公司。②办理租赁委托。③签订购货协议。④签订租赁合同。⑤办理验货、付款与保险。⑥支付租金。⑦合同期满处理资产。

5. 融资租赁筹资的优点包括:①迅速获得所需资产。②融资租赁的限制条件较少。③融资租赁可以免遭设备陈旧过时的风险。④融资租赁全部租金通常在整个租期内分期支付,可适当减少不能偿付的危险。⑤融资租赁的租金费用可在所得税前扣除,承租企业能享受税收利益。

6. 融资租赁筹资的缺点包括:①融资租赁的筹资成本较高。②融资租赁的财务风险较高。

四、混合性资金的筹集与管理

(一) 发行优先股

1. 优先股的特征

优先股的特征包括:①优先分配固定的股利。②优先分配公司剩余财产。③优先股股东一般无表决权。④优先股可由公司赎回。

2. 优先股的种类

优先股的种类包括:①累积优先股和非累积优先股。②可转换优先股与不可转换优先股。③参加优先股和不参加优先股。④可赎回优先股与不可赎回优先股。

3. 优先股的发行定价

优先股每股票面金额为 100 元。

4. 优先股筹资的优点包括:①没有固定的到期日,不用偿还本金。②股利支付既固定,又有一定弹性。③优先股属于自有资金,能增强公司信誉及借款能力。④保持普通股股东对公司的控制权。

5. 优先股筹资的缺点包括:①优先股成本虽低于普通股成本,但一般高于债券成本。②对优先股筹资的制约因素较多。③可能形成较重的财务负担。

(二) 发行可转换债券

可转换债券简称为可转债,是指由公司发行并规定债券持有人在一定期限内按约定的条件可将其转换为发行公司普通股的债券。

(三) 发行认股权证

认股权证是由股份有限公司发行的可认购其股票的一种买入期权。它赋予持有者在一定期限内以事先约定的价格购买发行公司一定股份的权利。

五、筹资数量的预测

1. 营业收入比例法的原理

营业收入比例法是根据营业业务与资产负债表和利润表项目之间的比例关系,预测各项目资金需要量的方法。

2. 营业收入比例法的运用

运用营业收入比例法，一般借助于预计利润表和预计资产负债表。通过预计利润表预测企业留存收益这种内部资本来源的增加额；通过预计资产负债表预测企业资金需要总额和外部筹资的增加额。

通过营业收入比例法预测追加的外部筹资额的计算公式如下：

$$\begin{aligned}\text{需要追加的外部筹资额} &= \Delta S\sum\frac{RA}{S}-\Delta S\sum\frac{RL}{S}-\Delta RE\\ &=\Delta S\left(\sum\frac{RA}{S}-\sum\frac{RL}{S}\right)-\Delta RE\end{aligned}$$

式中，ΔS 表示预计年度营业收入增加额，$\sum\frac{RA}{S}$ 表示基年敏感资产总额除以基年营业收入，$\sum\frac{RL}{S}$ 表示基年敏感负债总额除以基年营业收入，ΔRE 表示预计年度留存收益增加额。

第二部分 练习题

一、名词解释

1. 吸收直接投资
2. 权益性筹资
3. 债务性筹资
4. 混合型筹资
5. 普通股
6. 优先股
7. 授信额度
8. 周转授信协议
9. 浮动利率债券
10. 可转换债券
11. 认股权证
12. 融资租赁
13. 售后租回
14. 杠杆租赁

二、单项选择题

1. 当一些债务即将到期时，企业虽然有足够的偿债能力，但为了保持现有的资本结构，仍然举新债还旧债。这种筹资的动机是(　　)。

A. 扩张性筹资动机　　B. 混合性筹资动机

C. 调整型筹资动机　　D. 创立性筹资动机

2. 按照资金的来源渠道不同可将筹资分为(　　)。

A. 内部筹资和外部筹资　　B. 直接筹资和间接筹资

C. 权益筹资和负债筹资　　D. 表内筹资和表外筹资

3. 下列各项中,不属于吸收直接投资方式的是(　　)。

A. 吸收国家投资　　B. 吸收法人投资

C. 吸收社会公众投资　　D. 融资租赁

4. 按资本属性的不同,可将筹资分为(　　)。

A. 直接筹资和间接筹资

B. 内部筹资和外部筹资

C. 权益性筹资、债务性筹资和混合性筹资

D. 短期筹资和长期筹资

5. 我国目前各类企业最为重要的资金来源是(　　)。

A. 银行信贷资金　　B. 国家财政资金

C. 其他企业资金　　D. 企业自留资金

6. 下列各项中,不属于吸收直接投资优点的是(　　)。

A. 有利于增强企业信誉　　B. 有利于尽快形成生产能力

C. 资本成本较低　　D. 有利于降低财务风险

7. 普通股和优先股筹资方式共有的缺点包括(　　)。

A. 财务风险大　　B. 筹资成本高

C. 容易分散控制权　　D. 筹资限制多

8. 认股权证的特点不包括(　　)。

A. 在认股之前持有人对发行公司拥有股权

B. 它是一种买入期权

C. 在认股之前持有人对发行公司拥有股票认购权

D. 认股权证具有价值和市场价格

9. 与发行债务筹资相比,发行普通股股票筹资的优点是(　　)。

A. 可以稳定公司的控制权　　B. 可以降低资本成本

C. 可以利用财务杠杆　　D. 可以形成稳定的资本基础

10. 某公司发行认股权证筹资,每张认股权证可按10元/股的价格认购2股普通股,假设股票的市价是12元/股,则认股权证的理论价值是(　　)元。

A. 10　　B. 14　　C. 5　　D. 4

11. 某企业与银行商定的周转信贷额为800万元,年利率为2%,承诺费率为0.5%,年度内企业使用了500万元,平均使用10个月,则企业本年度应向银行支付的承诺费为(　　)万元。

A. 6.83　　B. 0.42　　C. 1.92　　D. 1.50

12. 某企业向银行借款100万元,企业要求按照借款总额的10%保留补偿性余额,并要求按照贴现法支付利息,借款的利率为6%,则借款实际利率为(　　)。

A. 7.14% B. 6.67% C. 6.38% D. 7.28%

13. 与其他负债资金筹集方式相比,下列各项属于融资租赁缺点的是( )。

A. 资本成本较高 B. 限制条件较多

C. 税收负担重 D. 筹资速度慢

14. 下列各种筹资方式中,最有利于降低公司财务风险的是( )。

A. 发行普通股 B. 发行优先股

C. 发行公司债券 D. 发行可转换债券

15. 政府财政资本通常只有( )才能利用。

A. 外资企业 B. 民营企业

C. 国有独资或国有控股企业 D. 非营利组织

16. 企业外部筹资的方式有很多,但不包括( )。

A. 投入资本筹资 B. 企业利润再投入

C. 发行股票筹资 D. 长期借款筹资

17. 下列关于留存收益筹资的表述中,错误的是( )。

A. 留存收益筹资可以维持公司的控制权结构

B. 留存收益筹资不会发生筹资费用,因此没有资本成本

C. 留存收益来源于提取的盈余公积和留存于企业的利润

D. 留存收益筹资有企业的主动选择,也有法律的强制要求

18. 企业向租赁公司租入一台设备,价值500万元,合同约定租赁期满时残值5万元归租赁公司所有,租期为5年,租赁费率为12%,若采用后付租金的方式,则平均每年支付的租金为( )万元。

A. 123.8 B. 138.7 C. 137.92 D. 108.6

19. 无记名股票不记载的内容是( )。

A. 股票数量 B. 编号

C. 发行日期 D. 股东的姓名或名称

20. 下列各种筹资方式中,筹资限制条件相对最少的是( )。

A. 融资租赁 B. 发行股票

C. 发行债券 D. 发行短期融资券

21. 借款合同所规定的保证人,在借款方不履行偿付义务时,负有( )的责任。

A. 监督借贷双方严格遵守合同条款 B. 催促借款方偿付

C. 连带偿付本息 D. 以上都不对

22. 下列各项中,不属于融资租赁租金构成内容的是( )。

A. 设备原价 B. 租赁手续费

C. 租赁设备的维护费用 D. 垫付设备价款的利息

23. 融资租赁又称为财务租赁,有时也称为资本租赁。下列各项中,不属于融资租赁范围的是( )。

A. 根据协议,企业将某项资产卖给出租人,再将其租回使用

B. 由租赁公司融资融物,由企业租入使用

C. 租赁期满，租赁物一般归还给出租者

D. 在租赁期间，出租人一般不提供维修设备的服务

24. 下列各种筹资方式中，企业无须支付资金占用费的是(　　)。

A. 发行债券　　B. 发行优先股

C. 发行短期票据　　D. 发行认股权证

25. 某公司发行可转换债券，每张面值为1 000元，转换比率为20，则该可转换债券的转换价格为(　　)元/股。

A. 20　　B. 50　　C. 30　　D. 25

26. 某公司2019年销售额为5 000万元，预测2020年销售额较2019年增加1 000万元，该企业的资产销售百分比为60%，敏感负债销售百分比为30%，销售净利率为9.6%，留存收益比率为50%，则该企业2020年的外部融资需求预测为(　　)万元。

A. 12　　B. 300　　C. 252　　D. 28

27. 公司在创立时首先选择的筹资方式是(　　)。

A. 融资租赁　　B. 向银行借款

C. 吸收直接投资　　D. 发行企业债券

28. 假定甲企业的信用等级高于乙企业，则下列表述中，正确的是(　　)。

A. 甲企业的筹资成本比乙企业高　　B. 甲企业的筹资能力比乙企业强

C. 甲企业的债务负担比乙企业重　　D. 甲企业的筹资风险比乙企业大

29. 由出租人向承租人提供租赁设备，并提供设备维修保养和人员培训等的服务性业务，这种租赁形式为(　　)。

A. 融资租赁　　B. 经营租赁　　C. 直接租赁　　D. 资本租赁

30. 筹资股权资本是企业筹集(　　)的一种重要方式。

A. 长期资本　　B. 短期资本　　C. 债权资本　　D. 营运资金

三、多项选择题

1. 筹资的动机有(　　)。

A. 并购性动机　　B. 扩张性动机

C. 调整性动机　　D. 混合性动机

2. 下列各项中，(　　)属于企业自留资金。

A. 法定公积金　　B. 任意公积金

C. 资本公积金　　D. 未分配利润

3. 企业进行筹资需要遵循的基本原则包括(　　)。

A. 效益性原则　　B. 合理性原则

C. 及时性原则　　D. 合法性原则

4. 与发行债券相比，下列各项中，属于银行借款筹资特点的有(　　)。

A. 资本成本较高　　B. 一次筹资数额较大

C. 筹资速度较快　　D. 募集资金使用限制较多

5. 普通股股东的权利包括(　　)。

A. 投票权　　B. 查账权
C. 出让股份权　　D. 优先分配剩余财产权

6. 除货币资金出资外，下列各项中，属于吸收直接投资的出资方式的有(　　)。
A. 以实物资产出资　　B. 以土地使用权出资
C. 以土地产权出资　　D. 以特定债券出资

7. 下列各项中，属于留存收益筹资方式特点的有(　　)。
A. 筹资数额有限　　B. 不存在资本成本
C. 不发生筹资费用　　D. 改变控制权结构

8. 银行借款筹资的优点包括(　　)。
A. 筹资速度快　　B. 筹资成本低
C. 限制条款少　　D. 借款弹性好

9. 债券与股票的区别在于(　　)。
A. 债券是债务凭证，股票是所有权凭证
B. 债券的投资风险大，股票的投资风险小
C. 债券的收入一般是固定的，股票的收入一般是不固定的
D. 股票在公司剩余财产分配中优先于债券

10. 按照有无抵押担保可将债券分为(　　)。
A. 收益债券　　B. 信用债券
C. 抵押债券　　D. 可转换债券

11. 优先股股东相比较普通股股东的优先权利体现在(　　)。
A. 优先分配股利权　　B. 优先分配剩余财产权
C. 优先认股权　　D. 优先管理权

12. 筹集投入资本，投资者的投资形式可以有(　　)。
A. 现金　　B. 有价证券　　C. 固定资产　　D. 无形资产

13. 下列各项中，(　　)表述符合股票的含义。
A. 股票是有价证券　　B. 股票是书面凭证
C. 股票是债权凭证　　D. 股票是所有权凭证

14. 股票按发行对象和上市地区的不同，可以分为(　　)。
A. A股　　B. B股　　C. N股　　D. H股

15. 普通股的特点包括(　　)。
A. 普通股股东享有公司的经营管理权
B. 公司解散清算时，普通股股东对公司剩余财产的请求权位于优先股股东之后
C. 普通股股利分配在优先股股利分配之后进行，并依据公司盈利情况而定
D. 公司增发新股时，普通股股东具有认购优先权，可以优先认购公司所发行的股票

16. 我国《公司法》等法规规定了股票发行定价的原则要求，主要有(　　)。
A. 同次发行的股票，每股发行价格应该相同
B. 任何单位或个人所认购的股份，每股应当支付相同的价款
C. 股票发行价格可以按票面金额，也可以超过票面金额，但不得低于票面金额

D. 发行股票的企业都可以自行决定发行价格

17. 下列各项中，属于发行债券的要素的有(　　)。

A. 债券面额　　B. 票面利率　　C. 市场利率　　D. 债券期限

18. 与股票相比，债券具有以下(　　)特点。

A. 债券代表一种债权关系　　B. 债券的求偿权优先于股票

C. 债券投资的风险小于股票　　D. 可转换债券按规定可转换为股票

19. 股票上市的好处包括(　　)。

A. 利用股票收购其他公司　　B. 利用股票可激励职员

C. 提高公司知名度　　D. 增强经理人员操作的自由度

20. 筹集投入资本的具体形式有(　　)。

A. 吸收外商投资　　B. 吸收国家投资

C. 吸收法人投资　　D. 吸收个人投资

四、判断题

1. 调整性筹资动机是指企业因调整公司业务所产生的筹资动机。(　　)

2. 优先认股权是优先股股东的优先权。(　　)

3. 可转换优先股对股东是有利的，可赎回优先股对公司也是有利的。(　　)

4. 认股权证不能为企业筹集额外的现金。(　　)

5. 信贷额度是银行从法律上承诺向企业提供不超过某一最高限额的贷款协定。(　　)

6. 抵押借款由于有抵押品担保，所以其资本成本往往较非抵押借款低。(　　)

7. 发行认股权证是上市公司的一种特殊筹资手段，其主要功能就是辅助公司的股权性筹资，但不可以直接筹措现金。(　　)

8. 企业发行浮动利率债券的目的是对付通货膨胀。(　　)

9. 可转换债券的利率一般低于普通债券。(　　)

10. 杠杆租赁中的出租人也是借款人，他既收取租金又偿付债务，从这个角度看，杠杆租赁与直接租赁是不同的。(　　)

11. 可转换债券的回售条款对于投资者而言实际上是一种买权，有利于降低投资者的持券风险。(　　)

12. 在我国，非银行金融机构主要有租赁公司、保险公司、企业集团的财务公司以及信托公司、债券公司。(　　)

13. 国外以及我国香港、澳门和台湾地区的投资者持有的资本，亦可加以吸收，从而形成外商投资企业的筹资渠道。(　　)

14. 在融资租赁方式下，租赁期满，设备必须作价转让给承租人。(　　)

15. 筹集投入资本是非股份制企业筹措自有资本的一种基本形式。(　　)

16. 对于股东而言，优先股比普通股有更优厚的回报，有更大的吸引力。(　　)

17. B股是指专门供外国和我国的港、澳、台地区的投资者买卖的，以人民币标明面值但以外币认购和交易的股票。(　　)

18. 在我国，股票发行价格既可以按票面金额确定，又可以超过票面金额或低于票面金额的价格确定。 (　　)

19. 股票发行价格如果过低，可能加大投资者的风险，增大承销机构的发行风险和发行难度，抑制投资者的认购热情。 (　　)

20. 借款合同应依法签订，它属于商业合约，不具法律约束力。 (　　)

21. 在一般情况下，长期借款无论是资本成本还是筹资费用都较股票、债券低。 (　　)

22. 发行公司债券所筹集到的资金，公司不得随心所欲地使用，必须按审批机关批准的用途使用，不得用于弥补亏损和非生产性支出。 (　　)

23. 当其他条件相同时，债券期限越长，债券的发行价格就可能越低；反之，可能越高。 (　　)

24. 一般来说，债券的市场利率越高，债券的发行价格越低；反之，可能越高。 (　　)

25. 一般来说，债券的票面利率越高，债券的发行价格越低；反之，可能越高。 (　　)

26. 债券的发行价格与股票的发行价格一样，只允许等价和溢价发行，不允许折价发行。 (　　)

27. 融资租赁实际上就是租赁公司筹资购物，由承租企业租入并支付租金。 (　　)

28. 优先股和可转换债券既有债务筹资性质，又有权益筹资性质。 (　　)

29. 企业在初创期通常采用外部筹资，而在成长期通常采用内部筹资。 (　　)

30. 某投资者进行间接投资，与其交易的筹资者是在进行直接筹资；某投资者进行直接接投资，与其交易的筹资者是在进行间接筹资。 (　　)

五、计算题

1. 光华公司2019年12月31日的简要资产负债表如表3-1所示。光华公司2019年销售额为10 000万元，销售净利率为10%，利润留存率为40%。2020年销售额预计增长20%，公司有足够的生产能力，无须追加固定资产投资。

表3-1　　资产负债表(简表)

2019年12月31日　　单位：万元

资产	金额	与销售的关系	负债及所有者权益	金额	与销售的关系
货币资金	500	5%	短期借款	1 900	N
应收票据	1 000	N	应付票据	600	N
应收账款	1 500	15%	应付账款	1 000	10%
存货	3 000	30%	其他应付款	500	5%
固定资产	2 000	N	应付债券	1 000	N
			实收资本	2 000	N
			留存收益	1 000	N
资产总计	8 000	50%	负债及所有者权益总计	8 000	15%

要求：

（1）确定企业增加的资金需求量。

（2）确定企业外部融资需求量。

2. 黄河公司需要筹集990万元资金，使用期为5年，筹资方案如下：

委托大华证券公司公开发行债券，债券面值为1 000元，承销差价（留给证券公司的发行费用）每张票据是51.61元，票面利率为14%，每年付息一次，5年到期一次还本。发行价格根据当时的预期市场利率确定。假定当时的预期市场利率为10%，不考虑所得税的影响。

要求：

（1）计算甲方案的债券发行价格。

（2）黄河公司为筹集到所需资金，需要发行多少张债券。

3. 某公司2020年预计销售收入为50 000万元，预计销售净利率为10%，股利支付率为60%。

要求：测算该公司2020年内部资金来源的金额。

4. 已知某公司2019年的销售收入为20 000万元，2019年12月31日的资产负债表（简表）如表3-2所示。

表3-2　　资产负债表（简表）

2019年12月31日　　单位：万元

资产	期末余额	负债及所有者权益	期末余额
货币资金	1 000	应付账款	3 000
应收账款	3 000	长期借款	9 000
存货	6 000	实收资本	4 000
固定资产	7 000	留存收益	2 000
无形资产	1 000		
资产总计	18 000	负债及所有者权益总计	18 000

该公司2020年的计划销售收入比上年增长20%，为实现这一目标，公司需新增设备一台，需要320万元资金。据历年财务数据分析，公司流动资产与流动负债随销售额同比率增减。假定该公司2020年的销售净利率可达到10%，净利润的60%分配给投资者。

要求：

（1）计算2020年流动资产增加额。

（2）计算2020年流动负债增加额。

（3）计算2020年公司需增加的营运资金。

（4）计算2020年的留存收益。

（5）预测2020年需要对外筹集的资金量。

六、案例分析题

蓝天航空公司筹资案例

蓝天航空公司于2015年实行杠杆式收购后，负债比率一直居高不下。直至2015年年底，公司的负债比率仍然很高，有近15亿元的债务将于2020年到期。

为此，需要采用适当的筹资方式追加筹资，降低负债比率。2019年年初，公司董事长和总经理正在研究公司的筹资方式的选择问题。董事长和总经理两人都是主要持股人，也都是财务专家。他们考虑了包括增发普通股等筹资方式，并开始向投资银行咨询。

起初，投资银行认为，可按每股20元的价格增发普通股。但经分析得知，这是不切实际的，因为投资者对公司有关机票打折策略和现役机龄老化等问题顾虑重重，如此高价位发行，成功概率不大。最后，投资银行建议，公司可按每股13元的价格增发普通股2 000万股，以提高股权资本比重，降低负债比率，改善财务状况。

蓝天航空公司2019年年底和2020年年初增发普通股后（如果接受投资银行的咨询建议）筹资方式组合如表3-3所示。

表3-3　　蓝天航空公司长期筹资方式情况表　　单位：亿元

长期筹资方式	2019年年末实际数		2020年年初估计数	
	金额	百分比	金额	百分比
长期债券	49.66	70.9%	48.63	68.1%
融资租赁	2.45	3.5%	2.45	3.4%
优先股	6.51	9.3%	6.51	9.1%
普通股	11.43	16.3%	13.86	19.4%
总计	70.05	100%	71.45	100%

假如你是蓝天航空公司的财务总监（CFO）。

要求：

（1）请你分析普通股筹资方式的优缺点。

（2）你如何评价投资银行对公司的咨询建议？

（3）你将对公司提出怎样的筹资方式建议？

第三部分　参考答案

一、名词解释

1. 吸收直接投资

吸收直接投资是指企业以协议形式筹集政府、法人、自然人等直接投入的资本，形成企业投入资本的一种筹资方式。

2. 权益性筹资

权益性筹资形成企业的股权资本，亦称股权性筹资，是指企业依法取得并长期拥有、可自主调配运用的资本。

3. 债务性筹资

债务性筹资形成企业的债务资本，是指企业依法取得并依约运用、按期偿还的资本。

4. 混合型筹资

混合型筹资是兼具权益性筹资和债务性筹资双重属性的长期筹资类型，主要包括发行优先股筹资、发行可转换债券筹资和认股权证筹资三种方式。

5. 普通股

普通股是指公司发行的，代表股东享有平等的权利、义务，不加特别限制，股利不固定的股票。

6. 优先股

优先股是指公司发行的、具有优先于普通股股东分取股利和公司剩余财产的权利的股票。

7. 授信额度

授信额度是指借款企业与银行间正式或非正式协议规定的企业借款的最高限额。通常在授信额度内，企业可随时按需要向银行申请借款。

8. 周转授信协议

周转授信协议是一种经常为大公司使用的正式授信额度。与一般授信额度不同，银行对周转信用额度负有法律义务，并因此向企业收取一定的承诺费用，一般按企业使用的授信额度的一定比率(约 0.2%)计算。

9. 浮动利率债券

浮动利率债券是指利率在债券发行之初不固定，而是根据有关利率(如银行存贷款利率等)加以确定的一种债券。

10. 可转换债券

可转换债券是指由公司发行并规定债券持有人在一定时期内按约定的条件可将其转化为发行公司普通股的债券。

11. 认股权证

认股权证是指由股份有限公司发行的可认购其股票的一种买入股权。它赋予持有者在一定期限内以事先约定的价格购买发行公司一定股份的权利。

12. 融资租赁

融资租赁又称资本租赁、财务租赁，是由租赁公司按照承租企业的要求融资购买设备，并在契约或合同规定的较长期限内提供给承租企业使用的信用性业务。

13. 售后租回

售后租回是指制造企业按照协议先将其资产卖给租赁公司，再作为承租企业将所售资产租回使用，并按期向租赁公司支付租金。采用这种融资租赁形式，承租企业因出售资产而获得了一笔现金，同时因将其租回而保留了资产的使用权。

14. 杠杆租赁

杠杆租赁是国际上比较流行的一种融资租赁形式，一般涉及承租人、出租人和贷款人三方当事人。从承租人的角度来看，它与其他融资租赁形式并无区别，同样是按合同的规定，在租期内获得资产的使用权，按期支付租金。但对出租人却不同，出租人只垫支购买资产所需现金的一部分，其余部分则以该资产为担保向贷款人借款支付。

二、单项选择题

1. C	2. A	3. D	4. C	5. A	6. C	7. B	8. A	9. D	10. D
11. C	12. A	13. A	14. A	15. C	16. B	17. B	18. C	19. D	20. A
21. C	22. C	23. C	24. D	25. B	26. A	27. C	28. B	29. B	30. A

重难点解析:

1. 调整性筹资动机是指企业因调整资金结构而产生的筹资动机。当一些债务即将到期,企业虽然有足够的偿债能力,但为了保持现有的资本结构,仍然举新债还旧债。这是为了调整资本结构,所以本题正确答案是选项C。

2. 按照资金来源渠道不同,可将筹资分为内部筹资(如留存收益)、外部筹资(如长期借款)。

3. 融资租赁属于混合型筹资。

5. 银行对企业的各种贷款是我国目前各类企业最为重要的资金来源。

6. 吸收直接投资的优点包括:①有利于增强企业信誉。②有利于尽快形成生产能力。③有利于降低财务风险。资金成本较高和容易分散控制权是这种筹资方式的缺点,所以本题选择C。

7. 普通股筹资的缺点包括:①筹资成本高。②容易分散控制权。优先股筹资的缺点有:①筹资成本高。②筹资限制多。③财务负担重。二者共有的缺点是筹资成本高。

8. 认股权证是由股份有限公司发行的可认购其股票的一种买入期权。在认股之前,认股权证的持有人对发行公司不拥有股权。

10. 该认股权证的认股价格为10元/股,认股股数为2股,股票市价为12元/股,因此,$(12-10)\times2=4$元,认股权证理论价值为4元。

11. $300\times0.5\%+500\times\frac{2}{12}\times0.5\%=1.92$(万元)。

12. $\frac{6\%}{1-6\%-10\%}\times100\%=7.14\%$。

13. 融资租赁筹资的优点有:①筹资速度快。②限制条款少。③设备淘汰风险小。④财务风险小。⑤税收负担轻。融资租赁筹资最主要的缺点就是资金成本较高。

18. $\frac{500-5\times PVIF_{12\%,5}}{PVIFA_{12\%,5}}=\frac{500-5\times0.5674}{3.6048}=137.92$(万元)。

26. 2020年企业资金需要总额$=1\ 000\times(60\%-30\%)=300$(万元)。

2020年外部融资额$=300-(5\ 000+1\ 000)\times9.6\%\times50\%=12$(万元)。

27. 一般来说,在企业初创阶段,产品市场占有率低,产销业务量小,经营杠杆系数大,此时企业筹资主要依靠权益资本。本题中只有选项C属于权益筹资。

28. 甲企业的信用等级高于乙企业,说明甲企业的信誉好,违约风险小,筹资能力比乙企业强。

30. 股权资本属于长期资本,股权资本企业的信誉增加,风险减少。

三、多项选择题

1. BCD	2. ABD	3. ABCD	4. CD	5. ABC
6. ABCD	7. AC	8. ABD	9. AC	10. BC
11. AB	12. ACD	13. ABD	14. ABCD	15. ABCD
16. ABC	17. ABCD	18. ABCD	19. ABC	20. ABCD

重难点解析：

1. 企业筹资的动机包括扩张性筹资动机、调整性筹资动机和混合性筹资动机。

2. 资本公积是指企业在经营过程中由于接受捐赠、股本溢价以及法定财产重估增值等原因所形成的公积金。资本公积不属于企业自留资金。企业自留资金是指留存收益，包括盈余公积和未分配利润。盈余公积包括法定盈余公积和任意盈余公积。

3. 企业筹资的基本原则包括：合法性原则、效益性原则、合理性原则和及时性原则。

5. 普通股股东的权利包括：对公司的管理权、盈余分享权、出售或转让股份权、优先认股权、剩余财产要求权。其中，普通股股东的管理权主要表现为：投票权、查账权和阻止越权的权利。

6. 吸收直接投资的出资方式可以是现金投资，也可以是非现金投资。非现金投资主要包括两种形式：一是材料、燃料、产品、房屋建筑物、机器设备等实物资产投资；二是专利权、非专利技术、商标权、土地使用权等无形资产投资。选项D特定债权出资，是指企业依法发行的可转换债券以及按照国家有关规定可以转作股权的债权，它可以作为吸收直接投资的出资方式。

8. 银行借款筹资的优点包括：筹资速度快、筹资成本低、借款弹性好。银行借款筹资的缺点包括：财务风险大、限制条款多、筹资数额有限。

9. 债券与股票的区别在于：①债券是债务凭证，股票是所有权凭证。②债券的收入一般是固定的，股票的收入一般是不固定的。③债券的投资风险小，股票的投资风险大。④债券到期必须还本付息，股票一般不退还股本。⑤债券在公司剩余财产分配中优先于股票。

10. 公司债券按有无抵押担保分类，可分为抵押债券与信用债券。

11. 优先股的特征包括：优先分配固定的股利和优先分配公司剩余财产。

12. 投入资本筹资的出资方式包括：以货币资产出资、以实物资产出资、以工业产权出资、以土地使用权出资和以特定债权出资。不包括有价证券。

13. 股票是股份公司发行的所有权凭证，是股份公司为筹集资金而发行给各个股东作为持股凭证并借以取得股息和红利的一种有价证券。

14. 股票按发行对象和上市地区分类，可分为A股、B股、H股、N股和S股。

16. 《公司法》等法规规定了股票发行定价的原则要求，主要有：同次发行的股票，每股发行价格应当相同；任何单位或个人所认购的股份，每股应当支付相同的价款；股票发行价格可以等于票面金额，也可以超过票面金额，但不低于票面金额。以超过票面金额的价格发行股票的，需经国务院证券管理部门的批准。

17. 发行债券的要素包括：债券面额、票面利率、市场利率和债券期限。

19. 股票上市的好处包括：有助于改善财务状况、利用股票收购其他公司、利用股票市场客观评价企业、利用股票可激励职员、提高公司知名度和吸引更多顾客。股票上市的不利影响包括:使公司失去隐私权、限制经理人员操作的自由度和公开上市需要很高的费用。

20. 投资资本筹集的来源包括:吸收国家直接投资、吸收法人投资、吸收个人投资和吸收外商投资。

四、判断题

1. ×	2. ×	3. √	4. ×	5. ×	6. ×	7. ×	8. √	9. √	10. √
11. ×	12. √	13. √	14. ×	15. √	16. ×	17. ×	18. ×	19. ×	20. ×
21. √	22. √	23. √	24. √	25. ×	26. ×	27. √	28. √	29. ×	30. ×

重难点解析:

1. 调整型筹资动机是企业为了调整公司资本机构而产生的。

2. 优先认股权是普通股股东的优先权。

4. 认股权证的作用有两方面:①为公司筹集额外的现金,认股权证不论单独发行还是附带发行,都能为公司额外筹集一笔现金。②促进其他筹资方式的运用。

5. 周转授信协议是银行从法律上承诺向企业提供不超过某一最高限额的贷款协定。

6. 企业信誉不高时被要求抵押贷款,因此违约风险较高,其资本成本往往较非抵押贷款借款高。

7. 发行认股权证可以直接筹措现金。

9. 可转换债券的利率一般低于普通债券,因为其持有人有一种特殊选择权。

10. 杠杆租赁中出租人又是借款人,同时拥有对资产的所有权,既收取租金又要偿付债务,而在直接租赁中出租人并不需要偿付债务。

11. 回售条款是指债券持有人有权按照事先约定的价格将债券卖回给发债公司的条件规定。回售对于投资者而言实际上是一种卖权,有利于降低投资者的持券风险。

14. 在融资租赁方式下,租赁期满,设备往往由承租人买下,但不是要求必须作价转让给承租人。

16. 优先股股利是固定的,不会比普通股获得更优的回报。

17. B股不但供外国和我国的港澳台地区投资者买卖,从2001年2月起,我国境内个人投资者也可以买卖B股。

18. 在我国,股票发行价格可以按票面金额,也可以超过票面金额确定发行价格。但不可以低于票面金额确定股票发行价格。

20. 借款合同具有法律约束力。

25. 债券的票面利率越高,债券价格越高。

26. 债券可以溢价发行、平价发行和折价发行。

29. 处于成长期的企业,内部筹资往往难以满足需要。这就需要企业广泛地开展外部筹资,如发行股票、债券、取得商业信用等。

30. 直接筹资是指企业不借助银行等金融机构,直接与资本所有者协商,融通资本的一种筹资活动。直接筹资主要有投入资本筹资(吸收直接投资)、发行股票、发行债券和商业信用等筹资方式。间接融资是指以货币为主要金融工具,通过银行体系吸收社会存款,再对企业、个人贷款的一种融资机制。这种以银行金融机构为中介进行的融资活动场所即为间接融资市场,主要包括中长期银行信贷市场、保险市场和融资租赁市场等。

五、计算题

1. 解:

(1) 增加的资金需求量=50%×2 000−15%×2 000=700(万元)

(2) 外部融资需求量=50%×2 000−15%×2 000−10 000×(1+20%)×10%×40%
=220(万元)

2. 解:

(1) $P_b = 1\,000 \times 14\% \times PVIFA_{10\%,5} + 1\,000 \times PVIF_{10\%,5}$
$= 140 \times 3.7908 + 1\,000 \times 0.6209$
$= 1\,151.61$(元)

(2) 发行债券的张数=9 900 000÷(1 151.61−51.61)=9 000(张)

3. 解:

预计内部资金来源=预计销售收入×预计销售净利率×(1−股利支付率)
=50 000×10%×(1−60%)
=2 000(万元)

4. 解:

(1) 流动资产增长率为20%。

2019年年末的流动资产=1 000+3 000+6 000=10 000(万元)

2020年流动资产增长额=10 000×20%=2 000(万元)

(2) 流动负债增长率为20%。

2019年年末的流动负债=1 000+2 000=3 000(万元)

2020年流动负债增加额=3 000×20%=600(万元)

(3) 2020年公司需增加的营运资金=流动资产增加额−流动负债增加额
=2 000−600=1 400(万元)

(4) 2020年的销售收入=20 000×(1+20%)=24 000(万元)

2020年的净利润=24 000×10%=2 400(万元)

2020年的留存收益=2 400×(1−60%)=960(万元)

(5) 2020年需要对外筹集的资金量=(1 400+320)−960=760(万元)

六、案例分析题

解:

(1) 普通股筹资具有以下优点:

第一,普通股筹资没有固定的股利负担。公司有盈利,并认为适合分配股利,就可以分给股东;公司盈利较少,或虽有盈利但资本短缺或有更有利的投资机会,也可以少支付或者不支付股利。债券或借款的利息无论企业是否盈利及盈利多少，都必须予以支付。

第二，普通股股本没有规定的到期日，无须偿还，它是公司的“永久性资本”，只有在公司清算时才予以清偿。这对于保证公司对资本的最低需要额、促进公司长期持续稳定经营具有重要作用。

第三，利用普通股筹资的风险小。由于普通股股本没有固定的到期日，不用支付固定的股利，不存在还本付息的风险。

第四，发行普通股筹集股权资本能增强公司的信誉。普通股股本以及由此产生的资本公积金和盈余公积金等，是公司筹措债务资本的基础。较多的股权资本有利于提高公司的信用价值，同时也为利用更多的债务资本筹资提供强有力的支持。

普通股筹资存在以下缺点：

第一，资本成本较高。一般而言，普通股筹资的成本要高于债务资本。这主要是由于投资于普通股风险较大，相应要求较高的报酬，并且股利应从税后利润中支付，而债务筹资方式的债权人风险较小，支付利息允许在税前扣除。此外，普通股发行成本也较高，发行证券费用最高的是普通股，其次是优先股，再次是公司债券，最后是长期借款。

第二，利用普通股筹资，出售新股票，增加新股东，一方面，可能会分散公司的控制权；另一方面，新股东对公司已积累的盈余具有分享权，会降低普通股的每股收益，可能引发普通股股价的下跌。

第三，如果以后增发普通股，可能会引起股票价格的波动。

(2) 主要有三方面的评价。

第一，投资银行对公司的咨询建议具备现实性和可操作性。投资银行分析了关于公司机票打折策略和现役机龄老化等现实问题，认为公司原先提出的高价位发行股票的做法不切实际，也不易成功。所以投资银行对发行股票拟定的较低价位是比较合适的，具备可操作性和现实性，也容易取得成功。

第二，投资银行的咨询建议的实际效果比较有限。通过资料中增发股票前后的数据对比，可以看出：本方案的筹资效果很有限。增发前，公司的负债率高达74.4%，在增发股票后仅降低2.9%，但依然在70%以上。公司在增发股票过程中仅获取了2.43亿元的资金，这对将于2020年到期的15亿元的债务而言依然是杯水车薪。所以，本方案实施后取得的效果可能极其有限，并不能从根本上改善公司的财务困境。

第三，投资银行的咨询建议提出的筹资方式过于单一。企业的筹资方式从大的方向来讲，可分为股权性筹资和债务性筹资，如果进一步细化，还会有更多的筹资方式和方法。投资银行的咨询建议中仅仅考虑了普通股筹资这种最常见的方式，并没有多方面地考虑其他筹资方式，这样很难取得最优的筹资效果。

(3) 针对公司目前负债率高、现金流紧张的财务现状，应建议公司采取股权性的筹资方式。除了发行普通股以外，公司还应该多元化地运用各种具体筹资方法。

例如，公司可以通过发行优先股的方式筹集资金。优先股一般没有固定的到期日，不用偿付本金。优先股的股利既有固定性，又有一定的灵活性。一般而言，优先股都采用固定股利，但对固定股利的支付并不构成公司的法定义务。如果公司财务状况不佳，可以暂时不支付优先股股利，即使如此，优先股持有者也不能像公司债权人那样迫使公司破产，同时也可保持普通股股东对公司的控制权。当公司既想向社会增加筹集股权资本，又想保持原有普通股股东的控制权时，利用优先股筹资尤为恰当。从法律上讲，优先股股本属于股权资本，发行优先股筹资，能够增强公司的股权资本基础，提高公司的举债能力。

此外，公司也可以通过发行认股权证的方式筹集资金。认股权证不论是单独发行还是附带发行，大多能为发行公司筹取一笔额外现金，从而增强公司的资本实力和运营能力。此外，单独发行的认股权证有利于将来发售股票；附带发行的认股权证可提高其所依附证券发行的效率。

第四章　资本结构决策

第一部分　内容概要

一、资本成本

（一）资本成本概述

（1）资本成本(Cost of Capital)是指企业为筹集和使用资金而付出的代价。资本成本包括筹集资金的费用和使用资金的费用两部分。

$$资本成本=\frac{用资费用}{筹资金额-筹资费用}=\frac{用资费用}{筹资金额\times(1-筹资费用率)}$$

（2）资本成本的种类包括：①个别资本成本是指企业各种长期资本的成本，如长期借款资本成本、债券资本成本、股票资本成本等。②综合资本成本是指企业全部长期资本的成本率。③边际资本成本是指企业追加长期资本的成本。企业在追加筹资方案的选择中，需要运用边际资本成本。

（3）资本成本的作用包括：①资本成本是选择筹资方式、进行资本结构决策和选择追加筹资方案的依据。②资本成本是评价投资项目、比较投资方案和进行投资决策的经济标准。③资本成本可作为评价企业经营业绩的基准。

（二）个别资本成本的计算

个别资本成本是指单一筹资方式的资本成本，包括银行借款资本成本、公司债券资本成本、融资租赁资本成本、普通股资本成本和留存收益资本成本等。其计算公式为：

$$K=\frac{D}{P-F}=\frac{D}{P(1-f)}$$

式中，K 表示资本成本，以百分数表示；D 表示用资费用额；P 表示筹资总额；F 表示筹资费用额；f 表示筹资费用率，即筹资费用与筹资总额的比率。

1. 长期债务资本成本的测算

长期债务资本成本一般有长期借款资本成本和长期债券资本成本两种。

（1）长期借款资本成本公式如下：

$$K_l=\frac{I_l(1-T)}{L-F_l}=\frac{I_l(1-T)}{L(1-f_l)}$$

式中，K_l 为长期借款资本成本；L 为长期借款筹资额；I_l 为长期借款年利息；F_l 为长期借款筹资费用；f_l 为长期借款筹资费用率；T 为所得税税率。

长期借款的筹资费用主要是手续费，一般数额很小，有时可以忽略不计。这时，长期借款成本可以按下列公式计算：

$$K_l = i_l(1-T)$$

式中，i_l 表示长期借款利率。

（2）公司债券资本成本公式如下：

$$K_b = \frac{I_b(1-T)}{B(1-f_b)}$$

式中，K_b 为债券资本成本；B 为债券筹资额，按债券发行价格确定；I_b 为公司债券年利息；f_b 为债券筹资费用率；T 为所得税税率。

2. 股权资本成本的测算

（1）普通股资本成本的计算。普通股资本成本测算方法一般有三种：股利折现模型、资本资产定价模型和债券投资报酬率加股票投资风险报酬率。

股利折现模型的基本表达式是：

$$P_c = \sum_{t=1}^{\infty} \frac{D_t}{(1+K_c)^t}$$

式中，P_c 表示普通股筹资净额，即发行价格扣除发行费用后的余额；D_t 表示普通股第 t 年的股利；K_c 表示普通股投资的必要报酬率，即普通股资本成本率。

第一，如果公司实行固定股利政策，即每年分派现金股利 D 元，则资本成本率可按下式测算：

$$K_c = \frac{D}{P_c}$$

第二，如果公司实行固定增长股利政策，股利固定增长率为 g，则普通股资本成本率为：

$$K_c = \frac{D_0(1+g)}{P_c} + g = \frac{D_1}{P_c} + g$$

资本资产定价模型可以简要地描述为：普通股投资的必要报酬率等于无风险报酬率加上风险报酬率。用公式表示如下：

$$K_c = R_f + \beta_i(R_m - R_f)$$

式中，K_c 表示普通股投资的必要报酬率；R_f 表示无风险报酬率；R_m 表示市场报酬率；β_i 表示第 i 种股票的贝塔系数。

3. 优先股资本成本

优先股的股利通常是固定的，公司利用优先股筹资需花费发行费用，因此，优先股资本成本的测算类似于普通股。其测算公式如下：

$$K_p = \frac{D_P}{P_P}$$

式中，K_p 表示优先股资本成本；D_P 表示优先股每股年股利；P_P 表示优先股筹资净额，即发行价格扣除发行费用。

4. 留存收益资本成本

留存收益资本成本，表现为股东追加投资要求的报酬率，其计算与普通股资本成本基本相同，不同点在于留存收益资本成本不考虑筹资费用。

(三) 综合资本成本

综合资本成本的计算公式如下：

$$K_w = \sum_{j=1}^{n} K_j W_j$$

式中，K_w 为综合资本成本；K_j 为第 j 种个别资本成本；W_j 为第 j 种个别资本在全部资本中的比重。

综合资本成本的计算，存在着权数价值的选择问题，即各项个别资本按什么权数来确定资本比重。通常，可供选择的价值形式有账面价值、市场价值和目标价值等。

(四) 边际资本成本的计算

边际资本成本是企业追加筹资的资本成本。企业的个别资本成本和综合资本成本，是企业过去筹集的单项资本的成本和目前使用全部资本的成本。

二、杠杆利益与风险

(一) 成本习性、边际贡献和息税前利润

1. 成本习性

(1) 固定成本是指其总额在一定时期和一定业务量范围内，不直接受业务量变动的影响而保持不变的成本。

(2) 变动成本是指在一定时期和一定业务量范围内，其总额随着业务量的变动而发生正比例变动的成本。

2. 边际贡献

边际贡献是指销售收入总额和变动成本总额之间的差额，也称贡献毛益、边际利润，记作 Tcm。其计算公式为：

$$Tcm = S - V = (P - V_c) \times Q$$

式中，Tcm 为边际贡献；S 为销售收入；V 为变动成本；P 为单价；V_c 为单位变动成本；Q 为产销量。

3. 息税前利润

息税前利润是指企业支付利息和缴纳所得税之前的利润，记作 $EBIT$。其计算公式为：

$$EBIT = S - V - F$$

(二) 经营杠杆效应

1. 经营杠杆原理

经营杠杆是指由于固定性经营成本的存在，而使得企业的资产报酬(息税前利润)变动率大于业务量变动率的现象。经营杠杆反映了资产报酬的波动性，可用以评价企业的经营风险。用息税前利润（$EBIT$）表示资产总报酬，计算公式如下：

$$EBIT = S - V - F = (P - V_c) \times Q - F$$

式中，$EBIT$ 为息税前利润；S 为销售额；V 为变动成本；F 为固定成本；Q 为产销量；P 为销售单价；V_c 为单位变动成本。

2. 经营杠杆的衡量

测算经营杠杆效应程度，常用指标为经营杠杆系数。经营杠杆系数（DOL）是息税前利润变动率相当于产销量变动率的倍数。它反映了经营杠杆的作用程度，即产销量变动引起息税前利润变动的程度。其计算公式为：

$$DOL = \frac{\text{息税前利润变动率}}{\text{产销量变动率}} = \frac{\Delta EBIT/EBIT}{\Delta Q/Q}$$

式中，DOL 为经营杠杆系数；$\Delta EBIT$ 为息税前利润变动额；ΔQ 为产销量变动值。

为了便于计算，可将上式经整理变换如下：

$$DOL = \frac{(P - V_c) \times Q}{(P - V_c) \times Q - F} = \frac{EBIT + F}{EBIT}$$

3. 经营杠杆与经营风险

经营风险是指企业由于生产经营上的原因而导致资产报酬波动的风险。影响经营杠杆的因素包括：产品销售量、销售价格、成本水平等，企业成本水平越高，产品销售数量和销售价格水平越低，经营杠杆效应越大，反之亦然。经营杠杆系数将随固定成本的变化呈同方向变化，固定成本越高，经营杠杆系数越大，企业经营风险也越大。

（三）财务杠杆效应

1. 财务杠杆原理

财务杠杆是指由于债务利息、优先股股息等固定性融资成本的存在，而使得企业的普通股每股收益变动率大于息税前利润变动率的现象。

$$EAT = (EBIT - I) \times (1 - T)$$

$$EPS = \frac{(EBIT - I) \times (1 - T)}{N}$$

式中，EAT 为税后利润；EPS 为每股收益；I 为债务资本利息；T 为所得税税率；N 为普通股股数。

2. 财务杠杆的衡量

测算财务杠杆效应程度，常用的指标为财务杠杆系数。财务杠杆系数（DFL），是每股收益变动率与息税前利润变动率的倍数，计算公式为：

$$DFL = \frac{\text{每股收益变动率}}{\text{息税前利润变动率}} = \frac{\Delta EPS/EPS}{\Delta EBIT/EBIT}$$

为了便于计算，可将上式变化如下：

$$DFL = \frac{\text{息税前利润}}{\text{息税前利润} - \text{利息}} = \frac{EBIT}{EBIT - I}$$

3. 财务杠杆与财务风险

财务风险是指企业由于筹资原因产生的资本成本负担而导致的普通股收益波动的风险。引起企业财务风险的因素有企业息税前利润、资本规模、企业资本结构、固定性融资成本等。财务杠杆系数将随固定性融资成本的变化呈同方向变化，即在其他因素一定的情况下，固定性融资成本越高，财务杠杆系数越大，企业财务风险也越大。

(四) 总杠杆效应

1. 总杠杆原理

总杠杆又称联合杠杆或复合杠杆，是指由于固定性经营成本和固定性融资成本的存在，导致普通股每股收益变动率大于产销量的变动率的现象。

2. 总杠杆的衡量

总杠杆系数是测算总杠杆效应程度常用的指标，总杠杆系数是经营杠杆系数和财务杠杆系数的乘积，是普通股每股收益变动率相当于产销量变动率的倍数。总杠杆系数（DTL）的计算公式为：

$$DTL = \frac{\text{普通股每股收益变动率}}{\text{产销量变动率}}$$

总杠杆系数与经营杠杆系数、财务杠杆系数之间的关系可用下式表示：

$$DTL = DOL \times DFL = \frac{EBIT + F}{EBIT - I}$$

3. 总杠杆与公司风险

公司风险包括企业的经营风险和财务风险。总杠杆系数反映了经营杠杆和财务杠杆之间的关系，用以评价企业的整体风险水平。在总杠杆系数一定的情况下，经营杠杆系数与财务杠杆系数此消彼长。

三、资本结构决策

(一) 最佳资本结构

最佳资本结构是指企业在一定期间内，使综合资本成本最低、企业价值最大时的资本结构。

(二) 资本结构决策方法

常见的资本结构决策的方法有资本成本比较法、每股收益分析法和公司价值比较法等。

1. 资本成本比较法

资本成本比较法是通过计算、比较各备选筹资方案不同资本结构的综合资本成本的高低来做出资本结构决策的方法。决策的基本原理是：综合资本成本越低，方案越优。决策步骤如下：

第一步，计算各备选方案的个别资本成本。

第二步，计算各备选方案的综合资本成本。

第三步，比较各备选方案的综合资本成本，综合资本成本最低的资本结构为最优资本结构。

2. 每股收益分析法

(1) 每股收益分析法决策原理。

可以用每股收益的变化来判断资本结构是否合理,即能够提高普通股每股收益的资本结构,就是合理的资本结构。决策的基本原理如下:

第一,当实际或预计息税前利润大于每股收益无差别点的息税前利润时,运用债务资本筹资方式可获得较高的每股收益。

第二,当实际或预计息税前利润小于每股收益无差别点的息税前利润时,运用权益资本筹资方式可获得较高的每股收益。

第三,当实际或预计息税前利润等于每股收益无差别点的息税前利润时,运用债务资本或权益资本筹资方式获得的每股收益一致,此时选择两种方式均可。

(2) 每股收益分析法的决策步骤。

第一步,列出不同筹资方案下每股收益的计算公式。

$$EPS = \frac{(EBIT - I) \times (1 - T) - D}{N}$$

式中,EPS 表示每股收益;$EBIT$ 表示息税前利润;I 表示债务利息;D 表示优先股股利;T 表示所得税税率;N 表示普通股股数。

第二步,令两个筹资方案的每股收益相等,式中息税前利润设为未知数。其计算公式为:

$$\frac{(\overline{EBIT} - I_1) \times (1 - T) - D_1}{N_1} = \frac{(\overline{EBIT} - I_2) \times (1 - T) - D_2}{N_2}$$

式中,$\overline{EBIT}$ 表示每股收益无差别点息税前利润;I_1 和 I_2 表示两个筹资方案下的利息;D_1 和 D_2 表示两个筹资方案下的优先股股利;N_1 和 N_2 表示两个筹资方案下的普通股股数。

解出上式中的息税前利润,即每股收益无差别点。

第三步,比较实际或预计 $EBIT$ 与$\overline{EBIT}$ 的大小,做出筹资方案的选择。

3. 公司价值比较法

(1) 公司价值比较法的决策原理。

公司价值比较法,是在考虑市场风险的基础上,以公司市场价值为标准,进行资本结构优化,即能够提升公司价值的资本结构,就是合理的资本结构。

设:V 表示公司价值,B 表示债务资本价值,S 表示权益资本价值。公司价值应该等于资本的市场价值,即:

$$V = B + S$$

为简化分析,假设公司各期的 EBIT 保持不变,债务资本的市场价值等于其面值,权益资本的市场价值可通过下式计算:

$$S = \frac{(EBIT - I)(1 - T)}{K_s}$$

$$K_s = R_f + \beta(R_m - R_f)$$

$$K_w = K_b \times \frac{B}{V} \times (1-T) + K_s \times \frac{S}{V}$$

式中，V 表示公司总价值，即公司总的折现价值；B 表示长期债务的折现价值；S 表示公司股票的折现价值；K_s 表示公司股票的资本成本；K_b 表示公司债务的资本成本；K_w 表示公司的综合资本成本。

(2) 公司价值比较法的决策步骤。

第一步，利用资本资产定价模型测算公司股票的资本成本 K_s。

第二步，测算在不同债务规模下的公司价值和公司综合资本成本 K_w。

第三步，比较不同债务规模下的公司价值和公司综合资本成本的大小，做出筹资方案选择的决策。

第二部分　练　习　题

一、名词解释

1. 资本成本
2. 资本结构
3. 个别资本成本
4. 综合资本成本
5. 边际资本成本
6. 经营杠杆
7. 财务杠杆
8. 总杠杆
9. 筹资费用
10. 用资费用
11. 边际贡献
12. 每股收益无差别点

二、单项选择题

1. 资本成本在企业筹资决策中的作用不包括(　　)。

A. 企业选择资金来源的基本依据

B. 企业选择筹资方式的参考标准

C. 作为计算净现值指标的折现率使用

D. 确定最佳资本结构的主要参数

2. 某企业发行 5 年期债券，债券面值为 1 000 元，票面利率 10%，每年付息一次，发行价为 1 100 元，筹资费率 3%，所得税税率为 25%，则该债券的资本成本是(　　)。

A. 9.37%　　B. 7.03%　　C. 7.36%　　D. 6.66%

3. 企业向银行取得借款100万元，年利率5%，期限3年。每年付息一次，到期还本，所得税税率25%，手续费忽略不计，则该项借款的资本成本为(　　)。

A. 3.75%　　B. 5%　　C. 4.5%　　D. 3%

4. 某公司普通股目前的股价为10元/股，筹资费率为8%，刚刚支付的每股股利为2元，股利固定增长率3%，则该股票的资本成本为(　　)。

A. 22.39%　　B. 21.74%　　C. 24.74%　　D. 25.39%

5. 某公司普通股目前的股价为10元/股，筹资费率为8%，刚刚支付的每股股利为2元，股利固定增长率3%，则该企业利用留存收益的资本成本为(　　)。

A. 22.39%　　B. 25.39%　　C. 20.6%　　D. 23.6%

6. 在某企业的资金总额中，债券筹集的资金占40%，已知债券筹集的资金在500万元以下时其资本成本为4%，在500万元以上时其资本成本为6%，则在债券筹资方式下企业的筹资总额分界点是(　　)万元。

A. 1 000　　B. 1 250　　C. 1 500　　D. 1 650

7. 某企业2019年的销售额1 000万元，变动成本600万元，固定经营成本200万元，预计2020年固定成本不变，则2020年的经营杠杆系数为(　　)。

A. 2　　B. 3　　C. 4　　D. 无法计算

8. 某企业2019年的销售额为1 000万元，变动成本600万元，固定经营成本200万元，利息费用10万元，没有融资租赁和优先股，预计2020年息税前利润增长率为10%，则2020年的每股利润增长率为(　　)。

A. 10%　　B. 10.5%　　C. 15%　　D. 12%

9. 根据成本性态，在一定时期一定业务量范围之内，职工培训费一般属于(　　)。

A. 半变动成本　　B. 半固定成本

C. 约束性固定成本　　D. 酌量性固定成本

10. 在资本结构的调整方法中不属于存量调整的是(　　)。

A. 债转股　　B. 增发新股偿还债务

C. 优先股转为普通股　　D. 进行融资租赁

11. 在不考虑筹款限制的前提下，下列筹资方式中个别资本成本最高的通常是(　　)。

A. 发行普通股　　B. 留存收益筹资

C. 长期借款筹资　　D. 发行公司债券

12. 某企业某年的财务杠杆系数为2.5，息税前利润(EBIT)的计划增长率为10%，假定其他因素不变，则该年普通股每股收益(EPS)的增长率为(　　)。

A. 4%　　B. 5%　　C. 20%　　D. 25%

13. 如果企业一定期间内的固定生产成本和固定财务费用均不为零，则由上述因素共同作用而导致的杠杆效应属于(　　)。

A. 经营杠杆效应　　B. 财务杠杆效应

C. 总杠杆效应　　D. 风险杠杆效应

14. 与经营杠杆系数同方向变化的是(　　)。

A. 产品价格　　B. 单位变动成本

C. 销售量　　D. 企业的利息费用

15. 下列各项中,运用普通股每股利润(每股收益)无差别点确定最佳资本结构时,需计算的指标是(　　)。

A. 息税前利润　　B. 营业利润　　C. 净利润　　D. 利润总额

16. 假定某企业的权益资金与负债资金的比例为 60 ∶ 40,据此可断定该企业(　　)。

A. 只存在经营风险　　B. 经营风险大于财务风险

C. 经营风险小于财务风险　　D. 同时存在经营风险和财务风险

17. B公司拟发行优先股 40 万股,发行总价 200 万元,预计年股利 5%,发行费用 10 万元。B公司该优先股的资本成本为(　　)。

A. 4.31%　　B. 5.26%　　C. 5.63%　　D. 6.23%

18. 债券成本一般要低于普通股成本,这主要是因为(　　)。

A. 债券的发行量小

B. 债券的利息固定

C. 债券风险较低,且债息具有抵税效应

D. 债券的筹资费用少

19. 如果企业的股东或经理人员不愿承担风险,则股东或管理人员可能尽量采用的增资方式是(　　)。

A. 发行债券　　B. 融资租赁　　C. 发行股票　　D. 向银行借款

20. 如果预计企业的资产收益率高于借款的利率,则应(　　)。

A. 提高负债比例　　B. 降低负债比例

C. 提高股利发放率　　D. 降低股利发放率

21. 下列关于最佳资本结构的表述中,错误的是(　　)。

A. 最佳资本结构在理论上是存在的

B. 资本结构优化的目标是提高企业价值

C. 企业平均资本成本最低时资本结构最佳

D. 企业的最佳资本结构应当长期固定不变

22. 某企业销售收入 800 万元,变动成本率为 40%,经营杠杆系数为 2,总杠杆系数为 3。假设固定成本增加 80 万元,其他条件不变,企业没有融资租赁和优先股,则总杠杆系数变为(　　)。

A. 3　　B. 4　　C. 5　　D. 6

23. 下列说法中,错误的是(　　)。

A. 单项资产的 β 系数反映单项资产所含的系统风险对市场组合平均风险的影响程度

B. 某项资产的 β = 某项资产的风险报酬率 ÷ 市场组合的风险报酬率

C. 某项资产的 $\beta=1$,说明该资产的系统风险与市场组合风险一致

D. 某项资产的 $\beta=0.5$,说明如果整个市场投资组合的风险收益率上升 5%,则该项资产的风险收益率上升 10%

24. 下列各种筹资方式中,企业无需要支付资金占用费的是(　　)。

A. 发行债券　　B. 发行优先股

C. 发行短期票据　　D. 发行认股权证

25. 下列各种财务决策方法中，可以用于确定最佳资本结构且考虑了市场反应和风险因素的是(　　)。

A. 现值指数法　　B. 每股收益分析法

C. 公司价值比较法　　D. 综合资本成本比较法

26. 某公司计划投资建设一条生产线，投资总额为 60 万元，预计生产线接产后每年可为公司新增利润 4 万元，生产线的年折旧额为 6 万元，则该投资的静态回收期为(　　)年。

A. 5　　B. 6　　C. 10　　D. 15

27. 如果企业的资金来源全部为自有资金，且没有优先股存在，则企业财务杠杆系数(　　)。

A. 等于 0　　B. 小于 1　　C. 大于 1　　D. 等于 1

28. 下列各项中，属于酌量性固定成本的是(　　)。

A. 折旧费　　B. 长期租赁费　　C. 直接材料费　　D. 广告费

29. 下列筹资活动中，不会加大财务杠杆作用的是(　　)。

A. 增发普通股　　B. 增发优先股

C. 增发公司债券　　D. 增加银行借款

30. 利用每股收益无差别点进行企业资本结构分析时，当预计销售额高于无差别点时，采用(　　)筹资更为有利。

A. 留存收益　　B. 权益　　C. 负债　　D. 内部

三、多项选择题

1. 资本成本包括用资费用和筹资费用两部分，其中属于用资费用的有(　　)。

A. 向股东支付的股利　　B. 向债权人支付的利息

C. 借款手续费　　D. 债券发行费

2. 下列各项因素中，影响经营杠杆系数计算结果的有(　　)。

A. 销售单价　　B. 销售数量　　C. 资本成本　　D. 所得税税率

3. 权益资本成本包括(　　)。

A. 债券成本　　B. 优先股成本

C. 普通股成本　　D. 留存收益成本

4. 下列各项中，属于半变动成本的有(　　)。

A. 水电费　　B. 电话费　　C. 化验员工资　　D. 质检员工资

5. 在边际贡献大于固定成本的情况下，下列措施中，有利于降低企业复合风险的有(　　)。

A. 提高产量　　B. 提高产品单价

C. 提高资产负债率　　D. 降低单位变动成本

6. 下列各项因素中，影响企业资本结构决策的有(　　)。

A. 企业的经营状况　　B. 企业的信用等级

C. 国家的货币供应量　　D. 管理者的风险偏好

7. 企业最佳资本结构的确定方法包括(　　)。

A. 因素分析法　　　　　　　　　　B. 每股利润无差别点法
C. 比较资本成本法　　　　　　　　D. 公司价值分析法

8. 最佳资本结构是指(　　)的资本结构。
A. 企业价值最大　　　　　　　　　B. 加权平均资本成本最低
C. 每股收益最大　　　　　　　　　D. 净资产值最大

9. 在计算下列各项资金的筹资成本时,需要考虑筹资费用的有(　　)。
A. 普通股　　B. 债券　　C. 长期借款　　D. 留存收益

10. 决定资本成本高低的因素有(　　)。
A. 资金供求关系变化　　　　　　　B. 预期通货膨胀率高低
C. 企业风险的大小　　　　　　　　D. 企业对资金的需求量

11. 下列各项中,反映总杠杆作用的有(　　)。
A. 说明普通股每股收益的变动幅度　B. 预测普通股每股收益
C. 衡量企业的总体风险　　　　　　D. 反映企业的获利能力

12. 如果不考虑优先股,在筹资决策中联合杠杆系数的性质包括(　　)。
A. 总杠杆系数越大,企业的经营风险越大
B. 总杠杆系数越大,企业的财务风险越大
C. 总杠杆系数能够起到财务杠杆和经营杠杆的综合作用
D. 总杠杆系数能够估计出销售额变动对每股收益的影响

13. 资本结构分析所指的资本包括(　　)。
A. 长期债务　　B. 优先股　　C. 普通股　　D. 短期借款

14. 资本结构决策的每股收益分析法体现的目标包括(　　)。
A. 股东权益最大化　　　　　　　　B. 股票价值最大化
C. 公司价值最大化　　　　　　　　D. 利润最大化

15. 下列关于财务杠杆的论述中,正确的有(　　)。
A. 在资本总额及负债比率不变的情况下,财务杠杆系数越高,每股收益增长越快
B. 财务杠杆效益指利用债务筹资给企业自有资金带来的额外收益
C. 财务杠杆系数越大,财务风险越大
D. 财务风险是指全部资本中债务资本比率的变化带来的风险

16. 下列关于经营杠杆系数的表述中,正确的有(　　)。
A. 在固定成本不变的情况下,经营杠杆系数说明了销售额变动所引起的息税前利润变动的幅度
B. 在固定成本不变的情况下,营业收入越大,经营杠杆系数越大,经营风险就越小
C. 在固定成本不变的情况下,营业收入越大,经营杠杆系数越小,经营风险就越小
D. 企业一般可以通过增加营业收入、降低产品单位变动成本、降低固定成本比重等措施使经营风险降低

17. 下列关于总杠杆的描述中,正确的有(　　)。
A. 用来估计销售量变动对息税前利润的影响
B. 用来估计营业收入变动对每股收益造成的影响

C. 揭示经营杠杆与财务杠杆之间的相互关系
D. 为达到某一个既定的总杠杆系数，经营杠杆和财务杠杆可以有很多不同的组合
18. 确定企业资本结构时，(　　)。
A. 如果企业的销售不稳定，则可较多地筹措负债资金
B. 为了保证原股东的绝对控制权，一般应尽量避免普通股筹资
C. 若预期市场利率会上升，企业应尽量利用长期负债
D. 一般而言，收益波动较大的企业要比收益稳定的类似企业负债水平低
19. 资金结构中的负债比率对企业有重要影响，表现在(　　)。
A. 负债比率反映企业财务风险的大小
B. 适度负债有利于降低企业资金成本
C. 负债有利于提高企业净利润
D. 负债比率越高，企业价值越大
20. 影响企业综合资本成本的主要因素有(　　)。
A. 筹资期限的长短　　B. 筹资规模
C. 个别资本成本　　D. 个别资本成本占全部资本的比重

四、判断题

1. 资本成本包括用资费用和筹资费用两部分，一般使用相对数表示，即表示为筹资费用和用资费用之和与筹资额的比率。(　　)

2. 在所有资金来源中，一般来说，普通股的资本成本最高。(　　)

3. 因为公司债务必须付息，而普通股不一定支付股利，所以普通股资本成本小于债务资本成本。(　　)

4. 从成熟的证券市场来看，企业的筹资顺序首先是内部筹资；其次是借款，发行债券、可转换债券筹资；最后是发行新股筹资。(　　)

5. 使用每股收益无差别点法进行最佳资本结构的判断时考虑了风险的因素。(　　)

6. 资本成本率是企业用以确定项目要求达到的投资报酬率的最低标准。(　　)

7. 由于内部筹集一般不产生筹资费用，所以内部筹资的资本成本最低。(　　)

8. 某种资本的用资费用高，其成本率就高；反之，用资费用低，其成本率就低。(　　)

9. 根据《企业所得税法》的规定，企业债务的利息不允许从税前利润中扣除。(　　)

10. 根据《企业所得税法》的规定，公司以税后利润向股东分派股利，故股权资本成本没有抵税利益。(　　)

11. 一般而言，从投资者的角度，股票投资的风险高于债券，因此，股票投资的必要报酬率可以在债券利率的基础上再加上股票投资高于债券投资的风险报酬率。(　　)

12. 当资本结构不变时，个别资本成本越低，综合资本成本越高；反之，个别资本成本越高，综合资本成本越低。(　　)

13. 在企业承担总风险能力一定且利率相同的情况下，对于经营杠杆水平较高的企业，应当保持较低的负债水平，而对于经营杠杆水平较低的企业，则可以保持较高的负债水平。(　　)

14. 在一定的产销规模内，固定成本总额相对保持不变。如果产销规模超出了一定的限度，固定成本总额也会发生一定的变动。（　）

15. 资本成本比较法一般适用于资本规模较大，资本结构较为复杂的非股份制企业。（　）

16. 公司价值比较法充分考虑了公司的财务风险和资本成本等因素的影响，进行资本结构的决策以公司价值最大化为标准，通常用于资本规模较大的上市公司。（　）

17. 每股收益分析法的决策目标是股东财富最大化或股票价值最大化，而不是公司价值最大化。（　）

18. 每股收益无差别点法可用于资本规模较大，但资本结构不太复杂的股份有限公司。（　）

19. 在其他因素不变的情况下，债券的发行价格与其资本成本成正比。（　）

20. 对股份公司而言，优先股也有财务杠杆的作用。（　）

五、计算题

1. 某公司年度销售净额为 28 000 万元，息税前利润为 8 000 万元，固定成本为 3 200 万元，变动成本率为 60%，资本总额为 20 000 万元，其中债务资本比例占 40%，平均年利率 8%。

要求：分别计算该公司的经营杠杆系数、财务杠杆系数和总杠杆系数。

2. 长江公司在成长过程中拟追加筹资 4 000 万元，现有 A，B，C 三个追加筹资方案可供选择，有关资料经整理后如表 4-1 所示。

表 4-1　　长江公司各筹资方案统计表　　单位：万元

筹资方式	筹资方案 A		筹资方案 B		筹资方案 C	
	筹资额	个别资本成本	筹资额	个别资本成本	筹资额	个别资本成本
长期借款	500	7%	1 500	8%	1 000	7.5%
公司债券	1 500	9%	500	8%	1 000	8.25%
优先股	1 500	12%	500	12%	1 000	12%
普通股	500	14%	1 500	14%	1 000	14%
合计	4 000	—	4 000	—	4 000	—

要求：测算该公司 A，B，C 三个追加筹资方案的边际资本成本率，并据以比较选择最优追加筹资方案。

3. 甲公司 2019 年年末长期资本为 5 000 万元，其中长期银行借款 1 000 万元，年利率为 6%，所有者权益(包括普通股股本和留存收益)为 4 000 万元，公司计划在 2019 年追加筹集资金 5 000 万元，其中按面值发行债券 2 000 万元，票面年利率为 6.86%，期限为 5 年，每年付息一次，到期一次还本，筹资费率为 2%，发行优先股筹资 3 000 万元，固定股息率为 7.76%，筹资费用率为 3%，公司普通股 β 系数为 2，1 年期国债利率为 4%，市场平均报酬率为 9%，公司适用的所得税税率为 25%，假设不考虑筹资费用对资本结构的影响，发行债券和优先股不影响借款利率和普通股股价。

要求：

(1) 计算甲公司长期银行借款的资本成本。

(2) 计算发行债券的资本成本(不用考虑货币时间价值)。

(3) 计算甲公司发行优先股的资本成本。

(4) 利用资本资产定价模型计算甲公司留存收益的资本成本。

(5) 计算加权平均资本成本。

4. 某企业年销售净额为 280 万元，息税前利润为 80 万元，固定成本为 32 万元，变动成本率为 60%，资本总额为 200 万元，债务比率为 40%，债务利率为 12%。

要求：试分别计算该企业的经营杠杆系数、财务杠杆系数和总杠杆系数。

5. 某企业目前拥有资本 1 000 万元，其结构为：债务资本 20%(年利息 20 万元)，普通股权益资本 80%(发行普通股 10 万股，每股面值 80 元)，所得税税率 25%。现准备追加筹资 400 万元，有两个筹资方案可供选择：

第一种方案为全部发行普通股：增发 5 万股，每股面值 80 元。

第二种方案为全部筹集长期债务：利率为 10%，利息为 40 万元。

要求：

(1) 计算无差别点息税前利润及无差别点的每股收益。

(2) 企业追加筹资后，预计息税前利润 160 万元，该企业应选择哪个筹资方案。

6. 甲公司目前的息税前利润为 5 400 万元，拥有长期资本 12 000 万元，其中长期债务 3 000 万元，年利息率 10%，普通股 9 000 万股，每股面值 1 元。若当前有较好的投资项目，需要追加投资 2 000 万元，有两种筹资方式可供选择：①增发普通股 2 000 万股，每股面值 1 元。②增加长期借款 2 000 万元，年利息率为 8%。甲公司的所得税税率为 25%，股权资本成本为 12%。

要求：

(1) 计算追加投资前甲公司的综合资本成本。

(2) 如果你是该公司的财务经理，根据资本成本比较法，你将选择哪种筹资方式？

(3) 比较两种筹资方式下甲公司的每股利润。

(4) 如果你是该公司的财务经理，根据每股利润分析方法，你将选择哪种筹资方式？

7. 乙公司是一家上市公司，适用的企业所得税税率为 25%，当年息税前利润为 900 万元，预计未来年度保持不变。为简化计算，假定净利润全部分配，债务资本的市场价值等于其账面价值，确定债务资本成本时不考虑筹资费用。证券市场平均收益率为 12%，无风险收益率为 4%，两种不同的债务水平下的税前利率和 β 系数如表 4-2 所示。公司价值和平均资本成本如表 4-3 所示。

表 4-2　　不同债务水平下的税前利率和 β 系数　　单位：万元

债务账面价值	税前利率	β 系数
1 000	6%	1.25
1 500	8%	1.50

表 4-3　　公司价值和平均资本成本　　单位:万元

债务市场价值	股票市场价值	公司总价值	税后债务资本成本	权益资本成本	平均资本成本
1 000	4 500	5 500	(A)	(B)	(C)
1 500	(D)	(E)	—	16%	13.09%

要求:

(1) 确定表 4-3 中英文字母代表的数值(不需要列示计算过程)。

(2) 依据公司价值分析法,确定上述两种债务水平的资本结构哪种更优,并说明理由。

8. 黄河公司的全部长期资本为股票资本 (S),账面价值为 1 亿元。公司认为目前的资本结构极不合理,打算发行长期债券并购回部分股票予以调整。公司预计年度息税前利润为 3 000 万元,公司所得税税率假定为 25%。经初步测算,黄河公司不同资本结构(或不同债务资本规模 B) 下的贝塔系数(β)、长期债券的年利率(K_b)、股票的资本成本率(K_s) 以及无风险报酬率(R_f) 和市场平均报酬率(R_m) 如表 4-4 所示。

表 4-4　　黄河不同债务水平下的债务资本成本和权益资本成本　　单位:万元

B	K_b	β	R_f	R_m	K_s
0	—	1.15	10%	14%	14.60%
1 000	10%	1.20	10%	14%	14.80%
2 000	12%	1.25	10%	14%	15.00%
3 000	14%	1.30	10%	14%	15.20%
4 000	16%	1.35	10%	14%	15.40%
5 000	18%	1.40	10%	14%	15.60%

要求:试测算不同债务规模下的公司价值,并据以判断、选择公司最佳资本结构。

六、案例分析题

给我一个支点,我能撬起地球

"给我一个支点,我能撬起地球。"阿基米德这句脍炙人口的名言形象地描述了自然科学中的杠杆作用。杠杆能产生神奇的力量,而杠杆作用在财务管理中同样存在,我们来看这样一个例子。

刘先生的长江公司和张先生的瑞鑫公司是两家除了财务杠杆比率不同之外十分相似的公司。两家公司的资金总额均为 1 000 万元。刘先生从小接受的教育是:最好不要借钱,因而长江公司的负债率很低,仅有 10%。张先生倾向负债筹资,以小搏大,四两拨千斤,所以瑞鑫公司的负债率非常高,达到 70%。两家公司的债务利息率都是 10%。企业所得税税率为 25%。2019 年,两家公司的资金回报率都是 20%。而在 2020 年,受到新型冠状病毒影响,销售减少,两家公司的资金报酬率为 5%,结果如表 4-5 所示。

表 4-5　　长江公司和瑞鑫公司的股权资金回报率　　单位:万元

项目	2019 年		2020 年	
	长江公司	瑞鑫公司	长江公司	瑞鑫公司
息税前利润	200	200	50	50
利息费用	10	70	10	70
利润总额	190	130	40	−20
股权资金回报率	15.83%	32.5%	3.33%	−6.67%

2020 年,具有较高财务杠杆比率的瑞鑫公司获得 32.50%的股权资金回报率,大大高于具有较低财务杠杆比率的长江公司的 15.83%。而在 2020 年,长江公司获得 3.33%的股权资金回报率,而瑞鑫公司的股权资金回报率为−6.67%。

要求:请解释为什么 2019 年负债率高的瑞鑫公司的权益资本回报率更高,而在 2020 年,长江公司的权益资本回报率更高?

第三部分　参考答案

一、名词解释

1. 资本成本

资本成本是指企业为筹集和使用资本而承付的代价。

2. 资本结构

资本结构是指企业各种资本的价值构成及其比例关系,是企业一定时间筹资组合的结果。

3. 个别资本成本

个别资本成本是指企业各种长期资本的成本率。

4. 综合资本成本

综合资本成本是指一个企业全部长期资本的成本率,通常是以各种长期资本的比例为权重,对个别资本成本进行加权平均测算的,故亦称加权平均资本成本。

5. 边际资本成本

边际资本成本是指企业追加筹资的资本成本,即企业新增资本所需负担的成本。

6. 经营杠杆

经营杠杆也称营业杠杆或营运杠杆,是指由于固定性经营成本的存在,而使企业的资产报酬(息税前利润)变动率大于业务量变动率的现象。

7. 财务杠杆

财务杠杆也称筹资杠杆或资本杠杆,是指由于债务利息、优先股股息等固定性融资成本的存在,而使得企业的普通股每股收益变动率大于息税前利润变动率的现象。

8. 总杠杆

总杠杆也称联合杠杆,是指由于固定性经营成本和固定性融资成本的存在,导致普通股每股收益变动率大于产销业务量变动率的现象。经营杠杆是利用企业经营成本中固定成本的作用而影响息税前利润，财务杠杆是利用企业资本成本中债务资本固定利息的作用而影响税后利润或普通股每股收益。总杠杆综合了经营杠杆和财务杠杆的共同影响。

9. 筹资费用

筹资费用是指企业在筹集资金的过程中为取得资金而发生的各项费用，如银行借款手续费，发行股票、债券等有价证券而支付的印刷费、评估费、公证费、宣传费及承销费等。

10. 用资费用

用资费用是指在使用所筹资金的过程中向出资者支付的报酬，如银行借款和债券的利息、股票的股利等。

11. 边际贡献

边际贡献是指销售收入总额和变动成本总额之间的差额，也称边际利润。

12. 每股收益无差别点

每股收益无差别点是指在不同筹资方式下每股收益都相等时的息税前利润和业务量水平。

二、单项选择题

1. C	2. B	3. A	4. D	5. D	6. B	7. A	8. B	9. D	10. D
11. A	12. D	13. C	14. B	15. A	16. D	17. B	18. C	19. C	20. A
21. D	22. D	23. D	24. D	25. C	26. B	27. D	28. D	29. A	30. A

重难点解析：

1. 选项C作为计算净现值指标的折现率使用，属于资本成本在企业投资决策中的应用。

2. $\dfrac{1\,000\times10\%\times(1-25\%)}{1\,100\times(1-3\%)}=7.03\%$

3. $5\%\times(1-25\%)=3.75\%$

4. $\dfrac{2\%\times(1+3\%)}{10\times(1-8\%)}+3\%=25.39\%$

5. $\dfrac{2\%\times(1+3\%)}{10}+3\%=23.6\%$

6. $\dfrac{500}{40\%}=1\,250$（万元）

7. $DOL=\dfrac{1\,000-600}{1\,000-600-200}=2$

8. $DFL=\dfrac{1\,000-600-200}{1\,000-600-200-10}=1.05$

$1.05\times10\%=10.5\%$

10. 进行融资租赁不会改变企业的资本结构。

12. $10\%\times2.5=25\%$

13. 企业存在固定生产成本，有经营杠杆。企业存在固定财务费用，有财务杠杆。因此选总杠杆效应。

14. $DOL=\dfrac{(P-V_c)Q}{(P-V_c)Q-F}$

单价、销售量与经营杠杆系数反方向变化，单位变动成本、固定成本与经营杠杆系数同方向变化。

16. 企业都存在固定性生产成本，因此存在经营杠杆，有经营风险。该企业告知有负债资金，因此存在财务杠杆，有财务风险。但无法判断经营风险与财务风险的高低。

17. 筹资费用率$=\dfrac{10}{200}=5\%$

$K_p=\dfrac{5\%}{1-5\%}=5.26\%$

22. $DTL=\dfrac{800\times(1-40\%)}{800\times(1-40\%)-F-I}=3$，求得 $F+I=320$（万元）

固定成本增加后，$F+I=400$（万元）

$DTL=\dfrac{800\times(1-40\%)}{800\times(1-40\%)-400}=6$

23. 某项资产 $\beta=0.5$，说明如果整个市场投资组合的风险收益率上升 10%，则该项资产的风险收益率上升 5%。

24. 发行债券、发行短期票据需要支付利息费用，发行优先股需要支付优先股的股利，这些都会产生资金的占用费，发行认股权证不需要资金的占用费。所以选项 D 是正确的。

25. 每股收益分析法、平均资本成本比较法都是从账面价值的角度进行资本结构的优化分析，既没有考虑市场反应，也没有考虑风险因素。公司价值分析法，是在考虑市场风险基础上，以公司市场价值为标准，进行资本结构优化。所以选项 C 正确。

26. 静态投资回收期＝原始投资额÷每年现金流量，每年现金流量＝4＋6＝10（万元），原始投资额为 60 万元，所以静态投资回收期＝60÷10＝6（年）。

27. 没有债务的情况下，企业的息税前利润变动率与每股收益变动率相等，财务杠杆系数等于 1。

28. 酌量性固定成本是指管理者的决策行动能够改变其数额的固定成本，如企业的开发研究费、广告费、职工培训费等。

29. 增发普通股，属于权益筹资，不会影响债务利息和优先股股利，也不会影响财务杠杆。

30. 当预计销售额超过每股收益无差别点的销售额时，利用债务筹集更有利，增加企业每股收益增加。当预计销售额低于每股收益无差别点的销售额时，利用权益筹集对企业更有利。

三、多项选择题

1. AB	2. AB	3. BCD	4. AB	5. ABD
6. ABCD	7. BCD	8. AB	9. ABC	10. ABC
11. ABC	12. CD	13. ABC	14. AB	15. ABCD
16. ACD	17. BCD	18. BCD	19. AB	20. CD

重难点解析：

1. 资金成本包括用资费用和筹资费用两部分，用资费用是指企业在生产经营、投资过程中因使用资金而支付的代价，如向股东支付的股利、向债权人支付的利息等，这是资金成本的主要内容。筹资费用是指企业在筹措资金过程中为获得资金而支付的费用，如向银行支付的借款手续费，因发行股票、债券而支付的发行费等。

2. 影响经营杠杆系数的因素有：单价、产销量、单位变动成本和固定成本。

3. 债券成本属于债务资本。

4. 半变动成本通常有一个初始量，类似于固定成本，在这个初始量的基础上，随产量的增长而增长，又类似于变动成本，企业的公共事业费，如电费、水费、电话费均属于半变动成本。半固定成本随产量的变化呈阶梯形增长，产量在一定限度内，这种成本不变，当产量增长到一定限度后，这种成本就跳跃到一个新水平，化验员、质量检查人员的工资都属于这类成本。

5. 提高资产负债率，债务比例增加，财务杠杆系数增加，不利于降低企业复合风险。

8. 最佳资本结构是指加权综合资本成本最低，企业价值最大。

9. 留存收益没有筹资费用，只有用资费用。

10. 企业对资金的需求量属于微观因素，影响不了市场资金供求关系，也影响不了企业资本成本。

11. 总杠杆反映企业存在的经营风险与财务风险，没有反映企业的获利能力。

13. 资本结构分析所指的资本是长期的。短期借款不在资本结构的考虑范畴。

17. 总杠杆(经营杠杆与财务杠杆)公示中的Q，指的是产销量。这里有一个假设，企业达到产销平衡。选项A应改为产销量的变动对税后利润的影响。

18. 如果企业的销售不稳定，则风险较大，减少负债筹资会减少企业财务风险，选项A错误。发行普通股会改变原股东持股份额，所以，为了保证原股东的绝对控制权，一般应尽量避免普通股筹资，选项B正确。若预期市场利率会上升，企业应尽量利用长期负债，可以减少债务资金的资本成本，选项C正确。收益波动较大的企业风险大，因此需要降低负债水平，选项D正确。

19. 负债比率能够反映企业财务风险的大小，选项A正确。债务存在财务杠杆，适度负债有利于降低企业资本成本，选项B正确。负债是否能够提高企业净利润是有条件的，选项C错误。选项D负债比率越高，企业价值越大，错误。

20. 影响企业资本成本的因素有两个：个别资本成本和资本权重。

四、判断题

1. ×	2. √	3. ×	4. √	5. ×	6. √	7. ×	8. ×	9. ×	10. √
11. √	12. ×	13. √	14. √	15. ×	16. √	17. √	18. ×	19. ×	20. √

重难点解析：

1. $资本成本=\frac{用资费用}{筹资额-筹资费用}$

资金成本一般使用相对数表示，即表示为用资费用与实际筹得资金(即筹资额扣除筹资费用后的差额)的比率。

2. 普通股股利支付不固定。企业破产后，股东的求偿权位于最后，与其他投资者相比，普通股股东所承担的风险最大，普通股的报酬也应最高，所以，在各种资金来源中，普通股的资本成本最高。

3. 资产＝负债＋所有者权益，普通股股东的权益排在债务权益后面，普通股股东承担的风险大于债权人承担的风险，普通股股东要求得到的收益也高。因此普通股的资本成本大于债务资本成本。

5. 每股利润无差别点法只考虑了资金结构对每股利润的影响，并假定每股利润最大，股票价格也最高，但是没有考虑资本结构对风险的影响。

6. 资本成本是衡量资本结构优化程度的标准，也是对投资获得经济效益的最低要求，通常用资本成本率表示。

7. 内部筹资虽然没有筹资费用，但是有用资费用。而且筹集费用与用资费用相比，用资费用占大部分。

8. 题中忽略了筹资净额，资本成本是用资费用与筹资净额相比。

9. 债务利息允许税前扣除，因此才有财务杠杆。如果债务利息不允许税前扣除，财务杠杆也不存在。

15. 资本成本比较法一般适用于资本规模较小，资本结构较为简单的非股份制企业。

18. 每股收益无差别点法可用于资本规模不大，资本结构不太复杂的股份有限公司。

19. 从债券资本成本计算公式可知，在其他因素不变的情况下，债券的发行价格与其资本成本成反比。

20. 优先股的股利是税前扣除，因此，需要交纳企业所得税的股份有限公司如果持有优先股，能产生财务杠杆作用。

五、计算题

1. 解：

$$DOL=1+\frac{F}{EBIT}=1+\frac{3\ 200}{8\ 000}=1.40$$

$$DFL=\frac{EBIT}{EBIT-I}=\frac{8\ 000}{8\ 000-20\ 000\times40\%\times8\%}=1.09$$

$$DTL=DOL\times DFL=1.40\times1.09=1.53$$

2. 解：

(1) 按方案A进行筹资。

$$长期借款在追加筹资中所占的比重=\frac{500}{4\ 000}\times100\%=12.5\%$$

$$公司债券在追加筹资中所占的比重=\frac{1\ 500}{4\ 000}\times100\%=37.5\%$$

$$优先股在追加筹资中所占的比重=\frac{1\ 500}{4\ 000}\times100\%=37.5\%$$

普通股在追加筹资中所占的比重$=\frac{500}{4\ 000}\times100\%=12.5\%$

计算方案A的边际资本成本率为：

$12.5\%\times7\%+37.5\%\times9\%+37.5\%\times12\%+12.5\%\times14\%=10.5\%$

(2) 按方案B进行筹资。

长期借款在追加筹资中所占的比重$=\frac{1\ 500}{4\ 000}\times100\%=37.5\%$

公司债券在追加筹资中所占的比重$=\frac{500}{4\ 000}\times100\%=12.5\%$

优先股在追加筹资中所占的比重$=\frac{500}{4\ 000}\times100\%=12.5\%$

普通股在追加筹资中所占的比重$=\frac{1\ 500}{4\ 000}\times100\%=37.5\%$

计算方案B的边际资本成本率为：

$37.5\%\times8\%+12.5\%\times8\%+12.5\%\times12\%+37.5\%\times14\%=10.75\%$

(3) 按方案C进行筹资。

长期借款在追加筹资中所占的比重$=\frac{1\ 000}{4\ 000}\times100\%=25\%$

公司债券在追加筹资中所占的比重$=\frac{1\ 000}{4\ 000}\times100\%=25\%$

优先股在追加筹资中所占的比重$=\frac{1\ 000}{4\ 000}\times100\%=25\%$

普通股在追加筹资中所占的比重$=\frac{1\ 000}{4\ 000}\times100\%=25\%$

计算方案C的边际资本成本率为：

$25\%\times7.5\%+25\%\times8.25\%+25\%\times12\%+25\%\times14\%=10.44\%$

经计算得知，按方案C进行追加筹资，其边际资本成本率最低，因此，长江公司应选择方案C作为最优最佳筹资方案。

3. 解：

(1) 长期借款资本成本$=6\%\times(1-25\%)=4.5\%$

(2) 债券资本成本$=\frac{6.86\%\times(1-25\%)}{1-2\%}=5.25\%$

(3) 优先股资本成本$=\frac{7.76\%}{1-3\%}=8\%$

(4) 留存收益资本成本$=4\%+2\times(9\%-4\%)=14\%$

(5) $K_w=\frac{1\ 000}{10\ 000}\times4.5\%+\frac{4\ 000}{10\ 000}\times14\%+\frac{2\ 000}{10\ 000}\times5.25\%+\frac{3\ 000}{10\ 000}\times8\%=9.5\%$

4. 解：

(1) $DOL=\dfrac{280-280\times60\%}{280-280\times60\%-32}=1.4$

(2) $DFL=\dfrac{80}{80-200\times40\%\times12\%}=1.14$

(3) $DTL=1.4\times1.14=1.60$

5. 解：

(1) $\dfrac{(\overline{EBIT}-20)\times(1-25\%)}{10+5}=\dfrac{(\overline{EBIT}-20-40)\times(1-25\%)}{10}$

解得：

$\overline{EBIT}=140$(万元)

$EPS=\dfrac{(140-20-40)\times(1-25\%)}{10}=6$(元/股)

(2) 企业息税前利润为140万元时，发行普通股和公司债券所带来的普通股每股盈余相等。目前企业预计的息税前利润为160万元，利用债务筹资可带来更多的税负抵免的好处，公司应选择第二种方案。

6. 解：

(1) 综合资本成本按各种长期资本的比例乘以个别资本成本计算，则追加投资前：

$K_w=\dfrac{3\ 000}{12\ 000}\times10\%\times(1-25\%)+\dfrac{9\ 000}{12\ 000}\times12\%=10.88\%$

(2) 采用增发股票方式时：

$K_w=\dfrac{3\ 000}{12\ 000+2\ 000}\times10\%\times(1-25\%)+\dfrac{9\ 000+2\ 000}{12\ 000+2\ 000}\times12\%=11.04\%$

采用长期借款方式时：

$$K_w=\dfrac{3\ 000}{12\ 000+2\ 000}\times10\%\times(1-25\%)+\dfrac{2\ 000}{12\ 000+2\ 000}\times8\%\times(1-25\%)+\dfrac{9\ 000}{12\ 000+2\ 000}\times12\%=10.18\%$$

可见，采用长期借款方式筹资后，综合资本成本要低于采用增发股票方式后的综合资本成本，所以应选择长期借款的方式筹资。

(3) 采用增发股票方式时：

$EPS=\dfrac{(5\ 400-3\ 000\times10\%)\times(1-25\%)}{9\ 000+2\ 000}=0.35$(元/股)

采用长期借款方式时：

$EPS=\dfrac{(5\ 400-3\ 000\times10\%-2\ 000\times8\%)\times(1-25\%)}{9\ 000}=0.41$(元/股)

可见，长期借款方式筹资时每股利润为0.41元，高于采用增发股票方式时的每股利润0.35元。

(4) 两种筹资方式下每股利润的无差别点为:

$$\frac{(\overline{EBIT}-3\,000\times10\%)\times(1-25\%)}{9\,000+2\,000}=\frac{(\overline{EBIT}-3\,000\times10\%-2\,000\times8\%)\times(1-25\%)}{9\,000}$$

解得:$\overline{EBIT}=1\,180$(万元)

当前的息税前利润为 5 400 万元,大于每股利润的无差别点 1 180 万元,因此应该选择长期借款方式筹资。

7. 解:

(1) $A=6\%\times(1-25\%)=4.5\%$

$B=4\%+1.25\times(12\%-4\%)=14\%$

$$C=\frac{1\,000}{5\,500}\times4.5\%+\frac{4\,500}{5\,500}\times14\%=12.27\%$$

$$D=\frac{(900-1\,500\times8\%)\times(1-25\%)}{16\%}=3\,656.25(\text{万元})$$

$E=1\,500+3\,656.25=5\,156.25$(万元)

(2) 债务市场价值为 1 000 万元时的资本结构更优。理由是债务市场价值为 1 000 万元时,公司总价值最大,平均资本成本最低。

8. 解:

(1) 当 $B=0$,息税前利润为 3 000 万元时,$K_s=14.60\%$,则:

$$S=\frac{(3\,000-0)\times(1-25\%)}{14.60\%}=15\,410.96(\text{万元})$$

$V=0+15\,410.96=15\,410.96$(万元)

则:$K_w=K_s=14.60\%$

(2) 当 $B=1\,000$ 万元,息税前利润为 3 000 万元时,$K_s=14.80\%$,则:

$$S=\frac{(3\,000-1\,000\times10\%)\times(1-25\%)}{14.80\%}=14\,695.95(\text{万元})$$

$V=1\,000+14\,695.95=15\,695.95$(万元)

$$\text{则}:K_w=10\%\times\frac{1\,000}{15\,695.95}\times(1-25\%)+14.80\%\times\frac{14\,695.95}{15\,695.95}=14.33\%$$

(3) 当 $B=2\,000$ 万元,息税前利润为 3 000 万元时,$K_s=15.00\%$,则:

$$S=\frac{(3\,000-2\,000\times12\%)\times(1-25\%)}{15\%}=13\,800.00(\text{万元})$$

$V=2\,000+13\,800=15\,800.00$(万元)

$$\text{则}:K_w=12\%\times\frac{2\,000}{15\,800}\times(1-25\%)+15\%\times\frac{13\,800}{15\,800}=14.24\%$$

(4) 当 $B=3\,000$ 万元,息税前利润为 3 000 万元时,$K_s=15.20\%$,则:

$$S=\frac{(3\,000-3\,000\times14\%)\times(1-25\%)}{15.2\%}=12\,730.26(\text{万元})$$

$V=3\,000+12\,730.26=15\,730.26$(万元)

则：$K_w = 14\% \times \frac{3\ 000}{15\ 730.26} \times (1-25\%) + 15.20\% \times \frac{12\ 730.26}{15\ 730.26} = 14.30\%$

(5) 当 $B = 4\ 000$ 万元，息税前利润为 3 000 万元时，$K_s = 15.40\%$，则：

$$S = \frac{(3\ 000 - 4\ 000 \times 16\%) \times (1-25\%)}{15.4\%} = 11\ 493.51(\text{万元})$$

$V = 4\ 000 + 11\ 493.51 = 15\ 493.51$(万元)

则：$K_w = 16\% \times \frac{4\ 000}{15\ 493.51} \times (1-25\%) + 15.40\% \times \frac{11\ 493.51}{15\ 493.51} = 14.52\%$

(6) 当 $B = 5\ 000$ 万元，息税前利润为 3 000 万元时，$K_s = 15.60\%$，则：

$$S = \frac{(3\ 000 - 5\ 000 \times 18\%) \times (1-25\%)}{15.6\%} = 10\ 096.15(\text{万元})$$

$V = 5\ 000 + 10\ 096.15 = 15\ 096.15$(万元)

则：$K_w = 18\% \times \frac{5\ 000}{15\ 096.15} \times (1-25\%) + 15.60\% \times \frac{10\ 096.15}{15\ 096.15} = 14.90\%$

将上述结果汇总如表 4-6 所示。

表 4-6　　黄河公司总价值和平均资本成本　　单位：万元

B	S	V	K_b	K_s	K_w
0	15 410.96	15410.96	—	14.60%	14.60%
1 000	14 695.95	15 695.95	10%	14.80%	14.33%
2 000	13 800.00	15 800.00	12%	15.00%	14.24%
3 000	12 730.26	15 730.26	14%	15.20%	14.30%
4 000	11 493.51	15 493.51	16%	15.40%	14.52%
5 000	10 096.15	15 096.15	18%	15.60%	14.90%

如表 4-6 所示，经过比较可知，当债务资本为 2 000 万元时，为最佳资本结构。此时，综合资本成本为 14.24%，公司总价值为 15 800 万元。

六、案例分析题

表 4-7　　长江公司和瑞鑫公司的股权资金回报率　　单位：万元

项目	2019 年		2020 年	
	长江公司	瑞鑫公司	长江公司	瑞鑫公司
息税前利润	200	200	50	50
利息费用	10	70	10	70
利润总额	190	130	40	−20
所得税	47.5	32.5	10	0
税后利润	142.5	97.5	30	−20
自有资本总额	900	300	900	300
股权资金回报率	15.83%	32.5%	3.33%	−6.67%

(1) 如表 4-7 所示,2019 年,两家公司盈利较高,资本报酬率为 20%。瑞鑫公司由于高负债率,导致其财务杠杆系数大于长江公司,因此,瑞鑫公司的股权资金回报率为 32.50%,大于长江公司的 15.83%。

(2) 2020 年,经济下行,两家公司息税前利润略有盈余,资本报酬率为 5%。此时,高负债率的瑞鑫公司要继续偿还长期借款利息 70 万元。瑞鑫公司 2020 年的息税前利润不足以偿还利息费用,在实际情况下,瑞鑫公司的现金流甚至入不敷出,无法偿还债务,财务风险非常高,其在 2020 年的股权资金回报率由 2019 年的 32.5%降为—6.67%。而长江公司由于长期借款少,在公司困难时,仍然有能力偿还债务,并保持 3.33%的股权资金报酬率。

第五章　证券投资管理

第一部分　内容概要

一、证券投资概述

1. 证券投资的概念

证券投资是以国家或外单位公开发行的有价证券为购买对象的投资行为，它是企业投资的重要组成部分，是企业、个人或其他社会组织买卖有价证券的经济行为。

2. 证券投资的种类

(1) 债券投资是指企业将资金投向各种各样的债券，例如，企业购买国债、公司债券和短期融资券等都属于债券投资。

(2) 股票投资是指企业将资金投向其他企业所发行的股票，将资金投向优先股、普通股都属于股票投资。

(3) 组合投资是指企业将资金同时投资于多种证券，例如，既投资国债，又投资企业债券，还投资于企业股票。

3. 证券投资的特点

证券投资的特点包括：①流动性强。②价值不稳定。③交易成本低。

4. 证券投资的目的

证券投资的目的包括：①暂时存放闲置资金。②与筹集长期资金相配合。③满足未来的财务需求。④满足季节性经营对现金的需求。⑤获得对相关企业的控制权。

二、债券投资

债券投资是指企业通过证券市场购买各种债券（如国债、金融债券、公司债券及短期融资券等）进行的投资。

（一）债券投资的要素

1. 市场利率

市场利率，又称为贴现率，是影响债券发行价格的主要因素。

2. 债券面值

债券面值是指设定的债券票面金额。

3. 债券的票面利率

债券的票面利率是指债券发行者预计1年内向投资者支付的利息占票面金额的比率。

4. 偿债的到期日

偿债的到期日是指偿还债券本金的日期。债券一般都规定到期日，以便到期时归还本金。

（二）债券投资的优缺点

1. 债券投资的优点

债券投资的优点包括：①本金安全性高。②收入比较稳定。③许多债券都具有较好的流动性。

2. 债券投资的缺点

债券投资的缺点包括：①购买力风险比较大。②没有经营权。③需要承受利率风险。

（二）债券的估价模型

（1）一般情况下的债券估价模型，计算公式如下：

$$V=\sum_{t=1}^{n}\frac{I}{(1+i)^t}+\frac{M}{(1+i)^n}=I\times PVIFA_{i,n}+M\times PVIF_{i,n}$$

式中，V 为债券价值；M 为债券面值；I 为每年利息；i 为市场利率或投资人要求的必要报酬率。

（2）期末一次还本付息且不计复利时债券估价模型，计算公式如下：

$$V=\frac{M+M\times i_b\times n}{(1+i)^n}=(F+F\times i_b\times n)\times PVIF_{i,n}$$

式中，V 为债券价值；M 为债券面值；i_b 为债券票面利率；i 为市场利率或投资人要求的必要报酬率。

（3）折现发行时的债券，没有票面利率，到期按面值偿还。这些债券的估价模型为，计算公式如下：

$$V=\frac{M}{(1+i)^n}=M\times PVIF_{i,n}$$

三、股票投资

（一）股票投资概述

1. 股票投资的概念

股票投资是股份制公司为了筹集自有资金而发行的代表所有权的有价证券，购买股票是企业投资的一种重要形式。

2. 股票投资的优点

股票投资的优点包括：①能获得比较高的报酬。②能适当降低购买力风险。③拥有一定的经营控制权。

3. 股票投资的缺点

股票投资的缺点包括：①普通股对公司资产和盈利的求偿权均居最后。②普通股的价格受众多因素影响，很不稳定。③普通股的收入不稳定。

（二）股票估价模型

（1）股票估价的基本模型，计算公式如下：

$$V=\sum_{t=1}^{\infty}\frac{D_t}{(1+i)^t}$$

式中，V 为股票现在的估价；i 为股票的必要报酬率；D_t 为第 t 期的预期股利。

如果投资者打算在未来出售股票，则股票可以为投资者提供两种形式的现金流入：股利收入和未来出售股票的收入。这种情况下的股票估价模型可用计算公式表示为：

$$V=\sum_{t=1}^{n}\frac{D_t}{(1+i)^t}+\frac{P_n}{(1+i)^n}$$

式中，P_n 为未来出售时预计的股票价格；n 为预计持有股票的期数；V 为股票现在的估价；i 为股票的必要报酬率；D_t 为第 t 期的预期股利。

(2) 长期持有、股利稳定不变的股票的估价模型。股票价格的高低，同债券价格一样，取决于股票持有期间的现金流的现值。因此，股票的价格就是永续股利年金的现值之和，计算公式如下：

$$V=\frac{D}{i}$$

式中，V 为股票现在价格；D 为每年固定股利；i 为优先股投资者要求的报酬率。

3. 长期持有、股利固定增长的股票的估价模型。假设某公司最近一年的股利为 D_0，D_1 为第 1 年的股利，预期股利增长率为 g，计算公式如下：

$$V=\frac{D_0(1+g)}{i-g}=\frac{D_1}{i-g}$$

4. 短期持有、未来准备出售的股票的估价模型。投资者获得的未来现金流量就包括两个部分：股利和股票转让收入。这时，股票价格的计算公式如下：

$$V=\sum_{t=1}^{n}\frac{D_t}{(1+i)^t}+\frac{P_n}{(1+i)^n}$$

式中，V 为股票现在的价格；P_n 为未来出售时预计的股票价格；i 为投资者要求的必要报酬率；D_t 为第 t 期的预期股利；n 为预计持有股票的期数。

四、证券投资组合

投资者在进行投资时，一般不会将其所有资金都投资于某一种证券，而是同时持有多种证券。这种同时投资的多种证券叫证券的投资组合，简称为证券组合或投资组合。

（一）证券投资组合的目的

降低证券投资风险的途径多种多样，其中最为有效的是进行投资组合。“不要把所有的鸡蛋放在同一个篮子里”就揭示了证券投资组合的一般规律和基本目的，即投资者应当将资金分散投资于不同的证券之中，通过不同证券风险与收益的互补关系，达到分散和降低风险、稳定收益的目的。

（二）证券投资组合的风险与收益

1. 证券投资组合的风险

(1) 非系统性风险。非系统性风险又叫可分散风险或公司特别风险，是指某些因素对单个证券造成经济损失的可能性，是可以分散的风险。

（2）系统性风险。系统性风险又称不可分散风险或市场风险，指的是由于某些因素给市场上所有的证券都带来经济损失的可能性。对投资者来说，这种风险是无法消除的，故称不可分散风险。不可分散风险的程度，通常用β系数来计量。

证券投资组合的β系数是单个证券β系数的加权平均数，权数为各股票在证券投资组合中所占的比重。其计算公式为：

$$\beta_P = \sum_{j=1}^{n} W_j \beta_j$$

式中，β_P为证券投资组合的β系数；W_j为证券投资组合中第j种股票所占的比重；β_j为第j种股票的β系数；n为证券投资组合中包含的股票数量。

2. 证券投资组合的风险收益

投资者进行证券组合投资与进行单项投资一样，都要求对承担的风险进行补偿，股票的风险越大，要求的报酬就越高。与单项投资不同，证券组合投资要求补偿的风险只是不可分散风险，而不要求对可分散风险进行补偿。证券组合的风险收益率可用如下公式计算：

$$R_P = \beta_P \times (R_m - R_f)$$

式中，R_P为证券投资组合的风险收益率；β_P为证券投资组合的β系数；R_m为所有股票的平均收益率，简称市场收益率；R_f为无风险收益率，一般用国债的利率来衡量。

3. 风险和收益率的关系

在西方金融学和财务管理中，有许多模型论述风险和收益率的关系，其中一个最重要的模型为资本资产定价模型(CAPM)，这一模型用公式可表达为：

$$R_i = R_f + \beta_i \times (R_m - R_f)$$

式中，R_i为第i种股票或第i种证券投资组合的必要报酬率；R_f为无风险收益率；β_i为第i种股票或第i种证券投资组合的β系数；R_m为所有股票或所有证券的平均收益率。

（三）证券投资组合的策略

（1）保守的投资组合策略。该组合策略要求尽量模拟证券市场现状（无论是证券种类还是各证券的比重），将尽可能多的证券包括进来，以便分散掉全部可避免风险，从而得到与市场平均报酬率相同的投资报酬率。

（2）冒险的投资组合策略。该组合策略要求尽可能多选择一些成长性较好的股票，而少选择低风险低报酬的股票，这样就可以使投资组合的收益高于证券市场的平均收益。

（3）适中的投资组合策略。该组合策略认为股票的价格主要由企业的经营业绩决定，只要企业的经济效益好，股票的价格终究会体现其优良的业绩。

第二部分　练　习　题

一、名词解释

1. 证券投资

2. 投资组合
3. 债券投资
4. 债券的票面利率
5. 股票投资
6. 非系统性风险
7. 系统性风险

二、单项选择题

1. 下列投资项目中，最安全的是（　　）。

A. 商业票据　　B. 金融债券　　C. 短期国债　　D. 长期国债

2. 为了降低通货膨胀带来的购买力下降的风险，更适合作为避险工具的是（　　）。

A. 国债　　B. 金融债券　　C. 普通股　　D. 优先股

3. 面值为1 000元的债券，每年付息一次，5年后到期，票面利率为8%。如果投资者要求的必要报酬率为10%，则债券的价值为（　　）元。

A. 929.79　　B. 956.33　　C. 1 075.82　　D. 1 084.32

4. 企业利用闲置资金进行债券投资的主要目的是（　　）。

A. 控制被投资企业　　B. 谋取投资收益

C. 降低投资风险　　D. 增强资产流动性

5. 若某种证券的β系数等于1，则表示该证券（　　）。

A. 无市场风险

B. 无公司特有风险

C. 与金融市场所有证券平均风险相同

D. 比金融市场所有证券平均风险大一倍

6. 在证券投资中，因通货膨胀带来的风险是（　　）。

A. 违约风险　　B. 利率风险　　C. 购买力风险　　D. 流动性风险

7. 证券发行人无法按期支付利息或偿还本金的风险称为（　　）。

A. 违约风险　　B. 购买力风险　　C. 流动性风险　　D. 期限性风险

8. 某公司准备购买一种预期股利不变的零成长股票，预期该股票的股利为每股2元，该公司要求的最低投资报酬率为10%，目前市场上的实际利率为8%，则该股票的价格在（　　）元以下时，公司才可以购买。

A. 25　　B. 20　　C. 30　　D. 22

9. 当前无风险利率为4%，整个股票市场的平均报酬率为9%，甲股票的β系数为2，甲股票的投资人要求的必要报酬率是（　　）。

A. 14%　　B. 18%　　C. 13%　　D. 8%

10. 某公司发行总面额为1 000万元的债券，票面利率为7.5%，偿还期限为4年，每年年末付息一次，若公司要求的报酬率为9%，则该债券价格为（　　）万元时可以购买。

A. 900　　B. 951.38　　C. 1 000　　D. 750

11. 公司增发的普通股市价为12元/股，本年发放股利每股0.6元，已知同类股票的预计收益率为11%，则维持此股价需要的股利年增长率为(　　)。

A. 5%　　B. 5.39%　　C. 5.71%　　D. 10.23%

12. 某股票的未来股利不变，当股票市价低于股票价值时，预期报酬率比投资人要求的最低报酬率(　　)。

A. 高　　B. 低　　C. 相等　　D. 不确定

13. 某企业于2020年4月1日以950元购得面额为1 000元的债券，票面利率为12%，每年付息一次，到期还本，该企业若持有该债券至到期日，其到期收益率(　　)。

A. 高于12%　　B. 低于12%　　C. 等于12%　　D. 难以确定

14. 市场利率和债券期限对债券价值都有较大影响，下列相关表述中，不正确的是(　　)。

A. 市场利率上升会导致债券价值下降

B. 长期债券的价值对市场利率的敏感性小于短期债券

C. 债券期限越短，债券票面利率对债券价值的影响越小

D. 债券票面利率与市场利率不同时，债券面值与债券价值存在差异

15. 当市场利率上升时，债券价值的变动方向(　　)。

A. 上升　　B. 下降　　C. 不变　　D. 随机变化

16. 某股票为固定成长股票，年增长率为4%，预计1年后的股利为每股6.5元，现行无风险收益率为11%，市场收益率为16%，该股票的β系数为1.2，那么作为理性的投资者应该等到(　　)。

A. 股票市价为55元时进行投资　　B. 股票市价为58元时进行投资

C. 股票市价为53元时进行投资　　D. 股票市价为49元时进行投资

17. 公司进行长期债券投资的主要目的是(　　)。

A. 获得稳定的收益　　B. 改变公司性质

C. 调整现金余额　　D. 支付银行长期贷款

18. 某公司当期每股股利为3.30元，预计未来每年以3%的速度增长，假设投资者的必要收益率为8%，则该公司每股股票的价值为(　　)元。

A. 41.25　　B. 67.98　　C. 66　　D. 110

19. AB两种股票组成投资组合，二者的β系数分别为0.8和1.6，若组合中两种资产的比重分别是40%和60%，则该组合的β系数为(　　)。

A. 1.28　　B. 1.5　　C. 8　　D. 1.6

20. 下列因素引起的风险中，投资者可以通过投资组合予以消减的是(　　)。

A. 国家进行税制改革　　B. 世界能源状况变化

C. 发生经济危机　　D. 被投资企业出现新的竞争对手

21. 某公司向银行借款1 000万元，年利率为4%，按季度付息，期限为1年，则该借款的实际年利率为(　　)。

A. 2.01%　　B. 4.00%　　C. 4.04%　　D. 4.06%

22. 投资者对某项资产合理要求的最低收益率，称为(　　)。

A. 实际收益率　　B. 必要收益率　　C. 预期收益率　　D. 无风险收益率

23. 证券组合投资可以优先的风险证券投资风险，这里的证券投资风险指的是(　　)。

A. 系统风险　　B. 非系统风险　　C. 财务风险　　D. 经营风险

24. 要求尽量模拟证券市场现状，将尽可能多的证券包括进来，一遍分辨掉全部可避免的风险的证券投资组合策略是(　　)。

A. 适中的投资组合策略　　B. 冒险的投资组合策略

C. 保守的投资组合策略　　D. 以上都不是

25. 以折现方式发行的债券的估价模型中，不涉及的因素有(　　)。

A. 债券面值　　B. 票面利率

C. 市场利率或必要收益率　　D. 付息总期数

三、多项选择题

1. 关于债券投资，下列说法中，正确的有(　　)。

A. 债券的价值与其面值无关

B. 一般而言，债券的期限越长，其利率风险越大

C. 短期国债可视为无风险的债券

D. 对于分期付息的债券，当其接近到期日时，债券价值则向其面值回归

2. 按照资本资产定价模型，影响特定股票预期收益率的因素有(　　)。

A. 无风险收益率　　B. 平均风险股票的必要收益率

C. 特定股票的 β 系数　　D. 财务杠杆系数

3. 只有股票的预期报酬率高于投资人要求的最低报酬率，才可以进行投资。投资人要求的最低报酬率可能包括(　　)。

A. 投资人的机会成本

B. 参照债券的收益率加上一定的风险报酬率

C. 股票历史上长期的平均收益率

D. 市场利率

4. 尽管相对于股票，投资债券要安全许多，但进行投资前还是必须考虑可能面临的(　　)等风险。

A. 利率风险　　B. 购买力风险　　C. 违约风险　　D. 再投资风险

5. 在资本资产定价模型中，风险与预期报酬率的关系有(　　)。

A. 预期报酬率＝无风险利率＋风险报酬率

B. 预期报酬率＝无风险利率×系统风险程度

C. 预期报酬率＝无风险利率＋市场风险报酬率

D. 预期报酬率＝无风险利率＋市场风险报酬率×系统风险程度

6. 下列各项中，属于证券资产特点的有(　　)。

A. 交易成本高　　B. 价值不稳定　　C. 流动性强　　D. 流动性弱

7. 根据资本资产定价模型，影响特定股票预期报酬率的因素有(　　)。

A. 纯利率　　B. 通货膨胀率

C. 市场平均的必要报酬率　　D. 特定股票的 β 系数

8. 下列因素变动会影响债券到期收益率的有(　　)。

A. 债券面值　　B. 票面利率　　C. 市场利率　　D. 债券购买价格

9. 下列有关债券价值影响的因素表述中，正确的有（　　）。

A. 对于分期付款的债券，当期限接近到期日时，债券价值向面值靠近

B. 债券价值的高低受利息支付方式的影响

C. 假设其他条件相同，一般而言债券期限越长，债券价值越大

D. 当市场利率上升时，债券价值会下降

10. 以下证券投资风险中，属于非系统风险的有（　　）。

A. 公司高管道德风险　　B. 财务风险

C. 政治风险　　D. 宏观经济风险

11. 债券价值由（　　）构成。

A. 市场价格　　B. 票面利率

C. 各期利息现值　　D. 票面价值现值

12. 估算股票的贴现率时，可使用（　　）。

A. 股票市场的平均收益率

B. 债券收益率加上适当的风险报酬率

C. 国债的利息率加上适当的风险报酬率

D. 投资人要求的必要报酬率

13. 债券投资的要素有（　　）。

A. 市场利率　　B. 债券面值

C. 债券的票面利率　　D. 偿债的到期日

14. 债券投资的优点（　　）。

A. 本金安全性高　　B. 收入比较稳定

C. 许多债券都具有较好的流动性　　D. 购买力风险比较大

15. 单项资产或者投资组合的必要收益率受（　　）的影响。

A. 无风险收益率　　B. 市场组合的平均收益率

C. β 系数　　D. 某种资产的特有风险

四、判断题

1. 只要债券价值大于市场价格，就值得投资。（　　）

2. 对每年付息一次的债券，当其票面利率大于市场利率时，债券的发行价格大于其面值。（　　）

3. 债券的价格会随着市场利率的变化而变化。当市场利率上升时，债券价格下降；当市场利率下降时，债券价格上升。（　　）

4. 每年付息一次，到期一次还本的债券，当溢价购买时，债券的到期收益率大于票面利率。（　　）

5. β 系数实际上是不可分散风险的指数，用于反映个别证券收益的变动相对于市场收益变动的灵敏程度。（　　）

6. 当两种证券完全负相关时，在任何情况下都能分散非系统性风险。（　　）

7. 如果市场不是完全有效的,一项资产的内在价值与市价会在一段时间里不等。 ( )

8. 如果风险债券的市场利率不变,那么随着时间向到期日靠近,折价发行债券的价值会随时间的延续而逐渐上升。 ( )

9. 在债券估价模型中,折现率实际上就是必要报酬率,折现率越大,债券价值越低。 ( )

10. 债券价值的高低受支付方式影响。 ( )

11. 股票是股份公司发给股东的所有权凭证,是股东借以取得股利的一种有价证券。 ( )

12. 随着到期时间的缩短,折现率变动对证券价值的影响越来越大。 ( )

13. 投资者购进被低估的证券,会使证券价格上升,回归到其内在价值。 ( )

14. 如果企业在发行债券的契约中规定了允许提前偿还的条款,则当预测年利息率下降时,一般会提前赎回债券。 ( )

15. 市场上短期国债利率为5%,通货膨胀补偿率为2%,投资者对某资产合理要求的最低收益率为10%.则该项资产的风险报酬率为3%。 ( )

五、计算题

1. 有一纯贴现债券,面值1 000元,20年期。假设折现率为10%。

要求:计算该债券价值。

2. 甲公司有一笔闲置资金,可以进行为期1年的投资,市场上有三种债券可供选择,相关资料如下:

(1) 三种债券的面值均为1 000元,到期时间均为5年,到期收益率均为8%。

(2) 甲公司计划1年后出售购入的债券,1年后三种债券到期收益率仍为8%。

(3) 三种债券票面利率及付息方式不同。A债券为零息债券,到期支付1 000元;B债券的票面利率为8%,每年年末支付80元利息,到期支付1 000元;C债券的票面利率为10%,每年年末支付100元利息,到期支付1 000元。

要求:

(1) 计算每种债券当前的价格。

(2) 计算每种债券1年后的价格。

3. 某公司发行公司债券,面值1 000元,票面利率为10%,期限为5年。已知市场利率为8%。

要求:

(1) 如果债券为按年付息、到期还本,发行价格为1 020元,投资者是否愿意购买?

(2) 如果债券为单利计息、到期一次还本付息债券,发行价格为1 010元,投资者是否愿意购买?

(3) 如果债券为贴现债券,到期归还本金,发行价为700元,投资者是否愿意购买?

4. ABC企业计划进行长期股票投资,企业管理层从股票市场上选择了两种股票:甲公司股票和乙公司股票,ABC企业只准备投资一家公司股票。已知甲公司股票现行市价为每股 6 元，上年每股股利为 0.2 元，预计股利以后每年以 5%的增长率增长。乙公司股票现行市价为每股 8 元，每年发放的固定股利为每股 0.6 元。ABC 企业所要求的投资必要报酬率为 8%。

要求：

(1) 利用股票估价模型，分别计算甲、乙公司股票价值并为该企业做出股票投资决策。

(2) 计算如果该公司按照当前的市价购入(1)中选择的股票的持有期收益率。

六、案例分析题

评估公司股票价值

王强是东方咨询公司的一名财务分析师，应邀评估华联商业集团建设新商场对公司股票价值的影响。

(1) 公司本年度净收益为 200 万元，每股支付现金股利 2 元，新建商场开业后，净收益第 1 年、第 2 年均增长 15%，第 3 年增长 8%，第 4 年及以后将保持这一净收益水平。

(2) 该公司一直采用固定支付率的股利政策，并打算今后继续实行该政策。

(3) 公司的 β 系数为 1，如果将新项目考虑进去，β 系数将提高到 1.5。

(4) 无风险收益率(国库券收益率)为 4%，市场要求的收益率为 8%。

(5) 公司股票目前市价为 23.6 元/股。

王强打算利用股利贴现模型，同时考虑风险因素进行股票价值的评估。华联商业集团公司的一位董事提出，如果采用股利贴现模型，则股利越高，股价越高，所以公司应改变原有的股利政策，提高股利支付率。

要求：请你协助王强研究以下工作：

(1) 参考固定股利增长贴现模型，分析这位董事的观点是否正确。

(2) 分析股利增加对可持续增长率和股票的账面价值有何影响。

(3) 评估公司股票价值。

第三部分　参考答案

一、名词解释

1. 证券投资

证券投资是以国家或外单位公开发行的有价证券为购买对象的投资行为，它是企业投资的重要组成部分，是企业、个人或其他社会组织买卖有价证券的经济行为。

2. 投资组合

投资者在投资时，一般不会将其所有资金都投资于某一种证券，而是同时持有多种证券。这种同时投资的多种证券叫证券的投资组合，简称为证券组合或投资组合。

3. 债券投资

债券投资是指企业通过证券市场购买各种债券(如国债、金融债券、公司债券及短期融资券等)进行的投资。

4. 债券的票面利率

债券的票面利率是指债券发行者预计1年内向投资者支付的利息占票面金额的比率。

5. 股票投资

股票投资是指股份公司为了筹集自有资金而发行的代表所有权的有价证券,购买股票是企业投资的一种重要形式。

6. 非系统性风险

非系统性风险又称可分散风险或公司特别风险,是指某些因素对单个证券造成经济损失的可能性,是可以分散的风险。

7. 系统性风险

系统性风险又称不可分散风险或市场风险,是指由于某些因素给市场上所有的证券都带来经济损失的可能性。

二、单项选择题

1. C	2. C	3. A	4. B	5. C	6. C	7. A	8. B	9. A	10. B
11. C	12. A	13. A	14. B	15. B	16. D	17. A	18. B	19. A	20. D
21. D	22. B	23. A	24. C	25. B					

重难点解析:

1. 短期国债的收益率通常被看作是无风险报酬率。

2. 普通股股东是企业所有者,企业生产销售产品或提供服务的价格会随通货膨胀的变化而变化,因此,相对于债券、优先股来说,普通股投资能够更好地规避通货膨胀风险。

3. $P_b = 1\,000 \times 8\% \times PVIFA_{10\%,5} + 1\,000 \times PVIF_{10\%,5} = 929.79$(元)。

8. $2 \div 10\% = 20$(元),题目给出必要报酬率和市场利率,应选用必要报酬率来计算可购买的股票价格,即价格低于20元,能够确保投资该股票获得10%以上的收益率。

11. $\frac{0.6 \times (1+g)}{12} + g = 11\%$,得出 $g = 5.71\%$。

13. 该债券发行价格950元,是折价发行,其票面利率小于贴现率(到期收益率),该债券的票面利率为12%,因此该债券到期收益率要高于12%。

15. 市场利率为贴现率,贴现率上升,债券价格(现值)下降;债券期限越长,市场利率(贴现率)对债券的影响越大,敏感性越强。

16. 股票收益率 $R_i = 11\% + 1.2 \times (16\% - 11\%) = 17\%$。

$\frac{6.5}{P} + 4\% = 17\%$,得到股票价格 $P = 50$,即价格低于50时,可投资买入。

18. $\frac{3.3 \times (1+3\%)}{P} + 3\% = 8\%$,得出 $P = 67.98$(元)。

19. 投资组合的 β 系数 $= 0.8 \times 40\% + 1.6 \times 60\% = 1.28$。

20. 通过投资组合可以分散的风险为可分散风险,又叫非系统风险或公司特定风险。被投资企业出现新的竞争对手,仅仅影响被投资企业,由此引起的风险属于公司特定风险,投资者可以通过证券投资组合予以消减;其余三个选项可能会给市场上所有的证券都带来经济损失,由此引起的风险属于系统性风险,不能通过投资组合分散掉。

21. 实际利率 $=\left(1+\dfrac{r}{m}\right)^{m}-1=\left(1+\dfrac{4\%}{4}\right)^{4}-1=4.06\%$。

22. 必要收益率也称最低必要报酬率或最低要求的收益率,表示投资者对某资产合理要求的最低收益率。

23. 证券投资组合只补偿系统风险。

25. 折现发行时债券的估价模型计算公式为 $V=M\cdot PVIF_{i,n}$,因此不涉及票面利率。

三、多项选择题

1. BCD	2. ABC	3. ABCD	4. ABCD	5. AD
6. ABC	7. ABCD	8. ABD	9. ABD	10. AB
11. CD	12. ABCD	13. ABCD	14. ABC	15. ABC

重难点解析:

1. 债券的价值与面值呈正方向关系。

2. 资本资产定价模型为 $R_i=R_f+\beta(R_m-R_f)$。

8. 债券的价格越低,票面利率越高,债券面值越大,到期收益率越高。市场利率是用来计算债券价格的,不影响债券到期收益率。

14. 购买力风险比较大是债券投资的缺点。

15. 单项资产或投资组合的必要收益率 $R_i=R_f+\beta(R_m-R_f)$,所以单项资产或者投资组合的必要收益率受到无风险收益率、市场的平均收益率、β 系数三个因素的影响。

四、判断题

1. ×	2. √	3. √	4. ×	5. √	6. √	7. √	8. √	9. √	10. √
11. √	12. ×	13. √	14. √	15. ×					

重难点解析:

1. 债券是否值得投资,要看债券收益率是否高于投资者的必要报酬率。

4. 折价购买债券,其到期收益率才能高于票面利率。

12. 随着到期时间的缩短,折现率变动对证券价值的影响越来越小。比如债券期数越少,债券利息影响越小,价格越倾向于本金。

14. 预测年利息率下降时,如果提前赎回债券,而后以较低的利率来发行新债券,可以降低利息费用,对企业有利。

15. 通常用短期国债的利率表示无风险利率,根据公式必要报酬率=无风险报酬率+风险报酬率,可知风险报酬率=必要报酬率-无风险报酬率=10%-5%=5%。

五、计算题

1. 解:

$PV=1\ 000\times PVIF_{10\%,20}=1\ 000\times 0.1486=148.6$(元)

2. 解：

(1) A 债券当前的价格 $=1\ 000\times PVIF_{8\%,5}=680.6$(元)

B 债券当前的价格 $=80\times PVIFA_{8\%,5}+1\ 000\times PVIF_{8\%,5}=1\ 000$(元)

C 债券当前的价格 $=100\times PVIFA_{8\%,5}+1\ 000\times PVIF_{8\%,5}=1\ 079.87$(元)

(2) A 债券 1 年后的价格 $=1\ 000\times PVIF_{8\%,4}=735$(元)

B 债券 1 年后的价格 $=80\times PVIFA_{8\%,4}+1\ 000\times PVIF_{8\%,4}=1\ 000$(元)

C 债券 1 年后的价格 $=100\times PVIFA_{8\%,4}+1\ 000\times PVIF_{8\%,4}=1\ 066.21$(元)

3. 解：

(1) 债券价值 $=1\ 000\times 10\%\times PVIFA_{8\%,5}+1\ 000\times PVIF_{8\%,5}=1\ 079.87$(元)

因为债券的价值高于债券的发行价格，所以投资者会购买该债券。

(2) 债券价值 $=1\ 000\times(1+5\times 10\%)\times PVIF_{8\%,5}=1\ 020.9$(元)

因为债券的价值高于债券的发行价格，所以投资者会购买该债券。

(3) 债券价值 $=1\ 000\times PVIF_{8\%,5}=680.6$(元)

因为债券的价值低于债券的发行价格，所以投资者不会购买该债券。

4. 解：

(1) 甲公司股票的股利预计每年均以 5% 的增长率增长，上年每股股利为 0.2 元，投资者要求必要报酬率为 8%，代入长期持有、股利固定增长的股票估值模型。

$$V=\frac{D_0(1+g)}{i-g}=\frac{0.2\times(1+5\%)}{8\%-5\%}=7(\text{元 / 股})$$

乙公司每年股利稳定不变，每股股利 0.6 元代入长期持有、股利稳定不变的股票估值模型。

$$V=\frac{D}{i}=\frac{0.6}{8\%}=7.5(\text{元 / 股})$$

由于甲公司股票现行市价 6 元/股，低于投资价值 7 元/股，故该企业可以购买甲公司股票；乙公司股票现行市价 8 元/股，高于投资价值 7.5 元/股，故该企业不应该购买乙公司股票。

(2) 假如企业按照 6 元/股的价格购入甲公司股票的持有期收益率为 i，则有：

$$6=\frac{0.2\times(1+5\%)}{i-5\%}$$

$i=8.5\%$

六、案例分析

(1) 该董事的观点是错误的。在固定股利增长模型中 $P=D_1\div(i-g)$，当股利较高时，在其他条件不变的情况下，股票价格的确也会较高。但其他条件不是一成不变的，如果公司提高了股利支付率，增长率 g 就会下降，股票价格不一定会上升。

(2) 股利支付率的提高将减少可持续增长率，因为用于再投资企业的资金减少了。股利支付率的上升会减少公司净资产，从而减少股票账面价值。

$R_i = R_f + \beta(R_m - R_f) = 4\% + 1.5 \times (8\% - 4\%) = 10\%$

$D_0 = 2$(元)

$D_1 = 2 \times (1 + 15\%) = 2.3$(元)

$D_2 = 2.3 \times (1 + 15\%) = 2.65$(元)

$D_3 = 2.65 \times (1 + 8\%) = 2.86$(元)

第 3 年年末股票价格 $= \frac{D_3}{i} = \frac{2.86}{10\%} = 28.6$(元)

$$P = D_0 + D_1 \times PVIF_{10\%,1} + D_2 \times PVIF_{10\%,2} + \left(\frac{D_3}{i} + D_3\right) \times PVIF_{10\%,3}$$

$$= 2 + 2.3 \times 0.9091 + 2.65 \times 0.8264 + (2.86 + 28.6) \times 0.7513$$

$$= 29.92(元)$$

股票价值计算见表 5-1 所示。

表 5-1　　**华联商业集团股票估值**　　单位:元

项目	年份				合计
	0	1	2	3	
每股股利	2	2.3	2.65	2.86	
现值系数($i=10\%$)		0.9091	0.8264	0.7513	
股利现值	2	2.09	2.19	2.15	8.43
第 3 年年末股价				28.6	
第 3 年年末股价现值				21.49	21.49
股票现值					29.92

第六章　项目投资管理

第一部分　内容概要

一、投资概述

（一）项目投资的概念与类型

1. 项目投资的概念

项目投资是一种实体性资产的长期投资，是一种以特定项目为对象，直接与新建项目或更新改造项目有关的长期投资行为。

2. 项目投资的类型

（1）单纯固定资产投资项目。

单纯固定资产投资项目简称固定资产投资，其特点是在投资过程中只包括为取得固定资产而发生的垫支资本投入而不涉及周转资本的投入。

（2）完整工业投资项目。

完整工业投资项目的特点是不仅包括固定资产投资，而且涉及流动资金投资和无形资产等其他长期资产投资。

（3）更新改造项目。

更新改造项目是以恢复或改善生产能力为目的的内涵式扩大再生产。

（二）投资管理的基本原则

投资管理的基本原则包括：①认真进行市场调查，及时捕捉投资机会。②建立科学的投资决策程序，认真进行投资项目的可行性分析。③及时足额地筹集资金，保证投资项目的资金供应。④认真分析风险和收益的关系，适当控制企业的投资风险。

（三）项目投资决策的程序

项目投资决策的程序包括：①投资项目的提出。②投资项目的评价。③投资项目的决策。④投资项目的执行。⑤投资项目的再评价。

二、资项目现金流量

（一）现金流量的概念

现金流量在投资决策中是指一个项目引起的企业现金支出和现金收入的数量。这里的“现金”是广义的现金，它不仅包括各种货币资金，而且还包括项目需要投入的企业现有的非货币资源的变现价值。

（二）投资现金流量的构成

（1）初始现金流量包括：①投资前费用。②设备购置费用。③设备安装费用。④建筑工程费。⑤营运资金的垫支。⑥原有固定资产的变价收入扣除相关税费后的净收益。⑦不可预见费。

2. 营业现金流量是指投资项目投入使用后，在其寿命周期内由于生产经营所带来的现金流入和流出的数量。它包括年营业净利润和年折旧等。

年营业净现金流量（*NCF*）可用下列公式计算：

$$\text{年营业净现金流量} = \text{年营业收入} - \text{年付现成本} - \text{所得税}$$
$$\text{年营业净现金流量} = \text{年税后净利} + \text{折旧及摊销}$$

3. 终结现金流量主要包括：①固定资产的残值收入或变价收入（指扣除了所需要上缴的税费等支出后的净收入）。②原有垫支在各种流动资产上的资金的收回。③停止使用的资产的变价收入等。

三、投资决策指标

投资决策方法包括非贴现现金流量方法和贴现现金流量方法。非贴现现金流量指标主要有投资回收期、平均报酬率等。贴现现金流量指标主要有净现值、内部报酬率、获利指数和折现的投资回收期等。

（一）非贴现现金流量指标

1. 投资回收期

投资回收期（Payback Period，*PP*）是指回收初始投资所需要的时间，一般以年为单位，是一种使用很久很广的投资决策指标。

如果每年的营业净现金流量（*NCF*）相等，则投资回收期可按下式计算：

$$\text{投资回收期} = \frac{\text{初始投资额}}{\text{年营业净现金流量}}$$

如果每年 NCF 不相等，投资回收期的计算要考虑各年年末的累计现金流量。

2. 平均报酬率

平均报酬率（Average Rate of Return，*ARR*）是投资项目寿命周期内平均的年投资报酬率，也称平均投资报酬率。平均报酬率有多种计算方法，其最常见的计算公式为：

$$\text{平均报酬率} = \frac{\text{年平均现金流量}}{\text{初始投资额}} \times 100\%$$

（二）贴现现金流量指标

1. 净现值

投资项目投入使用后的净现金流量，按资本成本或企业要求达到的报酬率折算为现值，减去初始投资额以后的余额，叫净现值（Net Present Value，*NPV*）。其计算公式为：

$$NPV = \left[\frac{NCF_1}{(1+i)^1} + \frac{NCF_2}{(1+i)^2} + \cdots + \frac{NCF_n}{(1+i)^n}\right] - C = \sum_{t=1}^{n} \frac{NCF_t}{(1+i)^t} - C$$

式中，NPV 为净现值；NCF_t 为第 t 年的净现金流量；i 为贴现率（资本成本或企业要求的报酬率）；n 为项目预计使用年限；C 为初始投资额。

(1) 净现值的计算过程。

第一步:计算每年的营业净现金流量。

第二步:计算未来报酬的总现值。这又可分成三步:

首先,将每年的营业净现金流量折算成现值。如果每年的 NCF 相等,则按年金法折算成现值;如果每年的 NCF 不相等,则先对每年的 NCF 进行贴现,然后加以合计。

其次,将终结现金流量折算成现值。

最后,计算未来报酬的总现值。

第三步:计算净现值,计算公式如下:

$$\text{净现值} = \text{未来报酬的总现值} - \text{初始投资额}$$

(2) 净现值法的决策规则。在只有一个备选方案的采纳与否决策中,净现值为正者则采纳,净现值为负者不采纳。在有多个备选方案的互斥选择决策中,应选用净现值是正值中的最大者。

2. 内部报酬率

内部报酬率又称内含报酬率(Internal Rate of Return, IRR),是使投资项目的净现值等于零的贴现率。

内部报酬率实际上反映了投资项目的真实报酬率,目前越来越多的企业使用该项指标对投资项目进行评价。内部报酬率的计算公式为:

$$\frac{NCF_1}{(1+IRR)^1}+\frac{NCF_2}{(1+IRR)^2}+\cdots+\frac{NCF_n}{(1+IRR)^n}-C=0$$

$$\sum_{t=1}^{n}\frac{NCF_t}{(1+IRR)^t}-C=0$$

式中, NCF_t 为第 t 年的净现金流量;IRR 为内部报酬率;n 为项目使用年限;C 为初始投资额。

(1) 如果每年的 NCF 相等,则按下列步骤计算:

第一步:计算年金现值系数。

$$\text{年金现值系数} = \text{初始投资额} \div \text{每年 } NCF$$

第二步:查年金现值系数表,在相同的期数内,找出与上述年金现值系数相邻的较大和较小的两个贴现率。

第三步:根据上述两个相邻的贴现率和已求得的年金现值系数,采用插值法计算出该投资方案的内部报酬率。

(2) 如果每年的 NCF 不相等,则需要按下列步骤计算:

第一步:先预估一个贴现率,并按此贴现率计算净现值。如果计算出的净现值为正数,则表示预估的贴现率小于该项目的实际内部报酬率,应提高贴现率,再进行测算;如果计算出的净现值为负数,则表明预估的贴现率大于该方案的实际内部报酬率,应降低贴现率,再进行测算。经过如此反复的测算,找到净现值由正到负并且比较接近于零的两个贴现率。

第二步,根据上述两个相邻的贴现率再使用插值法,计算出方案的实际内部报酬率。

(3) 内部报酬率法的决策规则。

在只有一个备选方案的采纳与否决策中，如果计算出的内部报酬率大于或等于企业的资本成本或必要报酬率就采纳；反之，则拒绝。在有多个备选方案的互斥选择决策中，应选用内部报酬率超过资本成本或必要报酬率最多的投资项目。

3. 获利指数

获利指数又称利润指数(Profitability Index, *PI*)，是投资项目未来报酬的总现值与初始投资额的现值之比。其计算公式为：

$$PI=\left[\frac{NCF_1}{(1+i)^1}+\frac{NCF_2}{(1+i)^2}+\cdots+\frac{NCF_n}{(1+i)^n}\right]\div C$$

$$PI=\text{未来现金流量的总现值}\div\text{初始投资额}$$

如果投资为多期完成的，则计算公式为：

$$PI=\text{未来现金流量的总现值}\div\text{现金流出量的总现值}$$

(1) 获利指数的计算过程。

第一步：计算未来报酬的总现值，这与计算净现值所采用的方法相同。

第二步：计算获利指数，即根据未来报酬的总现值和初始投资额之比计算获利指数。

(2) 获利指数法的决策规则。

在只有一个备选方案的采纳与否决策中，获利指数大于或等于1，则采纳，否则就应拒绝。在有多个方案的互斥选择决策中，应采用获利指数超过1最多的投资项目。

四、项目投资决策

(一) 固定资产更新决策

1. 新旧设备使用寿命相同的情况

在新旧设备尚可使用年限相同的情况下，我们可以采用差量分析法来计算一个方案比另一个方案增减的现金流量。

2. 新旧设备使用寿命不同的情况

对于寿命不同的项目，不能对它们的净现值、内部报酬率及获利指数进行直接比较。为了使投资项目的各项指标具有可比性，要设法使其在相同的寿命期内进行比较。此时可以采用的方法有最小公倍寿命法和年均净现值法。

(二) 资本限额投资决策

资本限额是指公司可以用于投资的资金总量有限，不能投资于所有可接受的项目，这种情况在很多公司都存在，尤其在那些以内部筹资为经营策略或外部筹资受到限制的公司。

1. 使用获利指数法的步骤

第一步，计算所有项目的获利指数，并列出每个项目的初始投资额。

第二步，接受所有 $PI\geqslant 1$ 的项目。如果资本限额能够满足所有可接受的项目，则决策过程完成。

第三步，如果资本限额不能满足所有 $PI\geqslant 1$ 的项目，就要对第二步进行修正。修正过程是，对所有项目在资本限额内进行各种可能的组合，然后计算出各种可能组合的加权平均获利指数。

第四步，接受加权平均获利指数最大的投资组合。

2. 使用净现值法的步骤

第一步，计算所有项目的净现值，并列出每个项目的初始投资额。

第二步，接受所有 $NPV \geqslant 0$ 的项目。如果资本限额能够满足所有可接受的项目，则决策过程完成。

第三步，如果资本限额不能满足所有 $NPV \geqslant 0$ 的项目，就要对第二步进行修正。修正过程是，对所有项目在资本限额内进行各种可能的组合，然后计算出各种可能组合的净现值合计数。

第四步，接受净现值合计数最大的投资组合。

（三）投资时机选择决策

投资时机选择决策可以使决策者确定开始投资的最佳时期，如某林地的所有者需要确定何时砍伐树木比较合适，某产品专利权的所有者必须决定何时推出该产品。这类决策既会产生一定的效益，又会伴随相应的成本。在等待时机的过程中，公司能够得到更为充分的市场信息或更高的产品价格，或者有时间继续提高产品的性能。但是这些决策优势也会带来因为等待而引起的时间价值的损失，以及竞争者提前进入市场的危险。另外，成本也可能会随着时间的延长而增加。如果等待时机的利益超过伴随而来的成本，那么公司应该采取等待时机的策略。

（四）投资期选择决策

投资期是指项目从开始投入资金至项目建成投入生产所需要的时间。较短的投资期，需要在初期投入较多的人力、物力，但是后续的营业现金流量发生得比较早。较长的投资期，初期投资较少，但是由于后续的营业现金流量发生得比较晚，也会影响投资项目的净现值。因此，在可以选择的情况下，公司应该运用投资决策的分析方法，对延长或缩短投资期进行认真比较，以权衡利弊。在投资期选择决策中，最常用的方法是差量分析法，采用差量分析法计算比较简单，但是不能反映不同投资期下项目的净现值。

第二部分　练　习　题

一、名词解释

1. 企业投资
2. 间接投资
3. 对内投资
4. 对外投资
5. 现金流量
6. 净现值
7. 内部报酬率
8. 获利指数

9. 投资回收期

10. 平均报酬率

二、单项选择题

1. 经营现金流量是指投资项目投入使用后，在其寿命周期内由于生产经营所带来的现金流入和现金流出的数量。这里“现金流出”是指（　　）。

A. 经营现金支出　　B. 交纳的税金

C. 付现成本　　D. 经营现金支出和交纳的税金

2.（　　）是指在投资收益不确定的情况下，按估计的各种可能收益水平及其发生的概率计算的加权平均数。

A. 期望投资收益　　B. 实际投资收益

C. 无风险收益　　D. 必要投资收益

3. 下列说法中，不正确的是（　　）。

A. 内部报酬率是能够使未来现金流入量现值等于未来现金流出量现值的折现率

B. 内部报酬率是方案本身的投资报酬率

C. 内部报酬率是使方案净现值等于零的折现率

D. 内部报酬率是使方案获利指数等于零的折现率

4. 某投资项目投产后预计第1年流动资产需用额为100万元，流动负债需用额为80万元，第2年流动资产需用额为120万元，流动负债需用额为90万元，则第2年的流动资金投资额为（　　）万元。

A. 30　　B. 20　　C. 10　　D. 0

5. 某项目投资需要的固定资产投资额为100万元，无形资产投资额为10万元，流动资金投资额为5万元，则该项目的原始总投资额为（　　）万元。

A. 117　　B. 115　　C. 110　　D. 100

6. 下列说法中，不正确的是（　　）。

A. 当净现值大于零时，获利指数小于1

B. 当净现值大于零时，说明该方案可行

C. 当净现值为零时，说明此时的折现率为内部报酬率

D. 净现值是未来现金流量的总现值与初始投资额现值之差

7. 某投资方案的折现率为18%时，净现值为−3.17万元；折现率为16%时，净现值为6.12万元，则该方案的内部报酬率为（　　）。

A. 14.68%　　B. 16.68%　　C. 17.32%　　D. 18.32%

8. 某企业投资方案A的年销售收入为200万元，年总成本为100万元，其中，固定资产年折旧额为10万元，无形资产年摊销额为10万元，所得税税率为25%，则该项目经营现金净流量为（　　）万元。

A. 95　　B. 80　　C. 75　　D. 100

9. 若净现值为负数，表明该投资项目（　　）。

A. 投资报酬率小于零，不可行

B. 为亏损项目，不可行

C. 投资报酬率不一定小于零，因此也有可能是可行方案

D. 投资报酬率没有达到预定的折现率，不可行

10. 已知甲项目的原始投资额为 800 万元，建设期为 1 年，投产后 1 至 5 年的每年净现金流量为 100 万元，第 6 至 10 年的每年净现金流量为 80 万元，则该项目不包括建设期的静态投资回收期为(　　)年。

A. 7.50　　B. 9.75　　C. 8.75　　D. 7.65

11. 净现值和获利指数指标共同的缺点是(　　)。

A. 不能直接反映投资项目的实际收益率

B. 不能反映投入与产出之间的关系

C. 没有考虑资金的时间价值

D. 无法利用全部净现金流量的信息

12. 下列指标的计算中，与必要报酬率有关的是(　　)。

A. 净现值　　B. 投资回收期　　C. 平均报酬率　　D. 内部报酬率

13. 某投资项目初始投资为 12 万元，当年完工投产，有效期 3 年，每年可获得现金净流量 4.6 万元，则该项目的内部报酬率为(　　)。

A. 6.68%　　B. 7.33%　　C. 7.68%　　D. 8.32%

14. 某投资方案，当贴现率为 16%时，其净现值为 38 万元；当贴现率为 18%时，其净现值为－22 万元。则该方案的内部收益率(　　)。

A. 大于 18%　　B. 小于 16%

C. 介于 16%与 18%之间　　D. 无法确定

15. 某企业欲购进一套新设备，要支付 400 万元，该设备的使用寿命为 4 年，无残值，采用直线法计提折旧。预计每年可产生税前利润 140 万元，如果所得税税率为 25%，则回收期为(　　)年。

A. 3.81　　B. 2.85　　C. 2.20　　D. 1.95

16. 当折现率与内部报酬率相等时(　　)。

A. 净现值小于零　　B. 净现值等于零

C. 净现值大于零　　D. 净现值不一定

17. 某企业准备新建一条生产线，预计各项支出如下：投资前费用 2 000 元，设备购置费用 8 000 元，设备安装费用 1 000 元，建筑工程费用 6 000 元，投产时需垫支营运资本 3 000 元，不可预见费用按总支出的 5%计算，则该生产线的投资总额为(　　)元。

A. 20 000　　B. 21 000　　C. 17 000　　D. 17 850

18. 当一项长期投资的净现值大于零时，下列说法中，不正确的是(　　)。

A. 该方案不可投资

B. 该方案未来报酬的总现值大于初始投资的现值

C. 该方案获利指数大于 1

D. 该方案的内部报酬率大于其资本成本

19. 下列各项中，不属于终结点现金流量范畴的是(　　)。

A. 固定资产折旧　　B. 固定资产残值收入
C. 垫支在流动资产上资金的收回　　D. 停止使用的土地的变价收入

20. 投资决策评价方法，对于互斥方案来说，最好的评价方法是(　　)。

A. 净现值法　　B. 获利指数法
C. 内部报酬率法　　D. 平均报酬率法

21. 在考虑所得税的情况下，计算项目的现金流量时，不需要考虑(　　)的影响。

A. 更新改造项目中旧设备的变现收入
B. 因项目的投产引起的企业其他产品销售收入的减少
C. 固定资产的折旧额
D. 以前年度支付的研究开发费

22. 某企业打算变卖一套尚可使用6年的旧设备，并购置一台新设备替换它，旧设备的账面价值为510万元，变价净收入为610万元。新设备的投资额为915万元，到第6年末新设备的预计净残值为15万元，旧设备的预计净残值为10万元，则更新设备每年增加折旧额为(　　)万元。

A. 66.67　　B. 50　　C. 48.33　　D. 49.17

23. 中大公司2020年购买甲公司债券1 000万元，购买乙公司股票500万元，购买丙公司某专利权支付200万元，无其他投资事项，则中大公司本年度间接投资总额为(　　)万元。

A. 500　　B. 700　　C. 1 500　　D. 1 700

24. 在内部报酬率法下，如果投资是在期初一次性投入，且各年现金流入量相等，那么(　　)。

A. 内部报酬率与原始投资额同向变动　　B. 内部报酬率与原始投资额反向变动
C. 内部报酬率与原始投资额无关　　D. 内部报酬率等于原始投资额

25. 在新旧设备使用寿命不同的固定资产更新决策中，不可以使用的决策方法是(　　)。

A. 年均成本法　　B. 年均净现值法
C. 差量分析法　　D. 最小公倍数法

三、多项选择题

1. 利润与现金流量的差异主要表现在(　　)。

A. 购置固定资产付出大量现金时不计入成本
B. 将固定资产的价值以折旧或折耗的形式计入成本时，不需要付出现金
C. 营业现金流量一般大于净利润
D. 计算利润时不考虑垫支的流动资产的数量和回收的时间

2. 原始总投资包括(　　)。

A. 固定资产投资　　B. 开办费投资
C. 投资前费用　　D. 流动资金投资

3. 关于项目投资决策中的现金流量与财务会计的现金流量说法正确的有(　　)。

A. 项目投资决策中的现金流量表反映的是项目生产经营期的现金流量
B. 财务会计中的现金流量表反映的是一个会计年度的现金流量
C. 二者的期间特征不同
D. 二者的信息属性相同
4. 长期投资决策中的终结现金流量包括(　　)。
A. 固定资产上的残值收入或变价收入　　B. 垫支流动资产上的资金回收
C. 停止使用的资产的变价收入　　D. 固定资产折旧
5. 计算净现值时的折现率可以包括(　　)。
A. 投资项目的资本成本　　B. 投资的机会成本
C. 社会平均资金收益率　　D. 银行存款利率
6. 在投资决策分析中使用的折现现金流量指标有(　　)。
A. 净现值　　B. 内部报酬率
C. 获利指数　　D. 平均报酬率
7. 下列关于企业投资的说法中,正确的有(　　)。
A. 企业投资是提高企业价值的基本前提
B. 企业投资仅指将闲置资金用于购买股票、债券等有价证券
C. 直接投资是指把资金投放于证券等金融资产,以便取得股利或利息收入的投资
D. 企业投资是降低风险的重要方法
8. 下列投资中,属于短期投资的有(　　)。
A. 现金　　B. 机器设备　　C. 存货　　D. 无形资产
9. 下列投资中,属于对外投资的有(　　)。
A. 股票投资　　B. 固定资产投资　　C. 债券投资　　D. 应收账款
10. 对于同一投资方案,下列说法中,正确的有(　　)。
A. 资本成本越高,净现值越低
B. 资本成本越高,净现值越高
C. 资本成本等于内部报酬率时,净现值为零
D. 资本成本高于内部报酬率时,净现值小于零
11. 下列说法中,正确的有(　　)。
A. 在其他条件不变的情况下提高折现率会使得净现值变小
B. 在利用动态指标对同一个投资项目进行评价和决策时,会得出完全相同的结论
C. 在多个方案的组合排队决策中,如果资金总量受限,则应首先按照净现值的大小进行排队,然后选择使得净现值之和最大的组合
D. 两个互斥方案的差额内部收益率大于基准收益率则原始投资额大的方案为较优方案
12. 在考虑企业所得税的前提下,下列可用于计算现金流量的公式有(　　)。
A. 税后利润+非付现成本
B. 营业收入-付现成本-所得税
C. (营业收入-付现成本)×(1-所得税税率)

D. 营业收入×(1－所得税税率)＋非付现成本×所得税税率

13. 如果把原始投资看成是按预定折现率借入的，那么在净现值法下，下列说法中，正确的有(　　)。

A. 当净现值为正数时说明还本付息后该项目仍有剩余收益

B. 当净现值为负数时该项目收益不足以偿还本息

C. 当净现值为零时偿还本息后一无所获

D. 当净现值为负数时该项目收入小于成本

14. 如果其他因素不变，一旦折现率提高，下列指标中，数值会变小的有(　　)。

A. 投资回收期　　B. 净现值

C. 内部报酬率　　D. 获利指数

15. 下列项目中，属于净现值指标缺点的有(　　)。

A. 不能直接反映投资项目的实际收益率水平

B. 当各项目投资额不等时，仅用净现值无法确定独立投资方案的优劣

C. 没有考虑投资的风险性

D. 净现金流量的确定和折现率的确定有一定难度

四、判断题

1. 投资总额就是原始总投资，是指企业为使项目完全达到设计生产能力、开展正常经营而投入的全部现实资金。(　　)

2. 项目投资决策使用的现金仅指各种货币资金。(　　)

3. 在计算项目的现金流入量时，以营业收入替代经营现金流入是由于假定年度内没有发生赊销。(　　)

4. 内部报酬率是指使项目的获利指数等于1的折现率。(　　)

5. 独立方案的采纳与否不受其他方案的影响，只取决于方案本身的经济价值，所以可以运用净现值、内部报酬率等投资评价指标进行评价分析，决定方案的取舍。(　　)

6. 净现值与获利指数之间存在一定的对应关系，当净现值大于零时，获利指数大于零但小于1。(　　)

7. 直接投资的资金所有者和资金使用者是分离的，而间接投资的资金所有者和资金使用者是统一的。(　　)

8. 联营投资是对外投资。(　　)

9. 在没有通货膨胀的情况下，必要收益率＝资金时间价值＋风险收益率。(　　)

10. 对现金、应收账款、存货、短期有价证券的投资都属于短期投资。(　　)

11. 对内投资都是直接投资，对外投资都是间接投资。(　　)

12. 获利指数大于1，说明投资方案的报酬率低于资本成本。(　　)

13. 在互斥方案的选择决策中，净现值法有时会做出错误的决策，内部报酬率法则始终能得出正确的答案。(　　)

14. 在进行长期投资决策时，如果其备选方案净现值比较小，那么该方案的内部报酬率也相对较低。(　　)

15. 由于获利指数是用相对数来表示的，因此获利指数法优于净现值法。 （　　）

16. 财务管理研究的项目投资决策通常会对企业本身未来的生产经营能力和偿债能力产生直接的影响。 （　　）

17. 在不考虑所得税因素的情况下，同一投资方案分别采用加速折旧法、直线法计提折旧不会影响各年的现金净流量。 （　　）

18. 现金净流量是现金流入量与现金流出量的差额，其数值一定大于零。 （　　）

19. 折旧对投资决策产生影响，实际上是由于所得税的存在而引起的。 （　　）

20. 非折现指标又称为动态评价指标，包括：净现值、获利指数和内部报酬率等。 （　　）

21. 必要收益率与投资者认识到的风险有关，如果某项资产的风险较低，那么投资者对该项资产的必要收益率就较高。 （　　）

22. 在有资本限额的情况下，一般使用内含报酬率法进行决策。 （　　）

23. 原有固定资产的变价收入是指固定资产更新时变卖原有固定资产所得的现金收入，不用考虑净残值的影响。 （　　）

24. 若项目 A 的内含报酬率高于项目 B 的内含报酬率，则项目 A 的净现值也一定大于项目 B。 （　　）

25. 某公司 2020 年计划新建厂房，之前已经支付了 10 000 元的咨询费，这 10 000 元是公司进行新建厂房决策时的相关成本。 （　　）

五、计算题

1. 某企业拟购建一条生产线，预计在建设起点需一次性投入资金 1 100 万元，建设期为 2 年，建设期满后需投入流动资金 200 万元。该生产线估计可使用 10 年，期满有净残值 100 万元，按直线法计提折旧，流动资金于项目终结时一次收回，预计投产后每年可为企业多创利润 100 万元。

要求：假定不考虑所得税因素，计算项目各年的现金净流量。

2. 东方公司目前有项目 A 和项目 B 可供选择，其各年的现金流量情况如表 6-1 所示。

表 6-1　　项目 A 和 B 各年现金流量　　单位：元

年次 (t)	项目 A	项目 B
0	−7 500	−5 000
1	4 000	2 500
2	3 500	1 200
3	1 500	3 000

要求：

(1) 若东方公司要求的项目资金必须在 2 年内收回，应选择哪个项目？

(2) 东方公司现在采用净现值法，设定折旧率为 15%，应选择哪个项目？

3. 华荣公司准备投资一个新的项目以扩大生产能力，预计该项目可以持续 5 年，固定资产投资 750 万元。固定资产采用直线法计提折旧，折旧年限为 5 年，估计净残值为 50 万元。预计每年的付现成本为 300 万元，每件产品单价为 250 元/件，年销量为 30 000 件，均为现金交易。

预计期初需要垫支营运资本 250 万元。假设资本成本为 10%，所得税税率为 25%。

要求：

(1) 计算项目经营净现金流量。

(2) 计算项目净现值。

4. 时尚公司某项目投资期为 2 年，每年投资 200 万元。第 3 年年初开始投产，投产开始时垫支营运资本 50 万元，于项目结束时收回。项目运营期为 6 年，资产净残值为 40 万元，按直线法计提折旧。每年营业收入为 400 万元，付现成本为 280 万元。公司所得税税率为 25%，资本成本为 10%。

要求：

(1) 计算项目现金流量。

(2) 计算项目净现值。

(3) 计算项目内部报酬率。

(4) 评价项目是否可行。

5. 某公司原有设备一套，购置成本为 150 万元，预计使用 10 年，已使用 5 年，预计残值为原值的 10%，该公司用直线法计提折旧，现该公司拟购买新设备替换旧设备，以提高生产率，降低成本。新设备购置成本为 200 万元，使用年限为 5 年，同样用直线法计提折旧，预计残值为购置成本的 10%，使用新设备后公司每年的销售额可以从 1 500 万元上升到 1 650 万元，每年付现成本将从 1 100 万元上升到 1 150 万元，公司如购置新设备，旧设备出售可得收入 100 万元，该企业的所得税税率为 25%，资本成本率为 10%。

要求：通过计算说明该设备是否应该更新。

6. 瑞鑫公司拥有一稀有矿藏，这种矿产品的价格不断上升。根据预测，6 年后价格将一次性上升 30%，因此，公司研究是现在开采还是 6 年后开采的问题。不论是现在开采还是 6 年后开采，初始投资均相同，建设期均为 1 年，从第 2 年开始投产，投产后 5 年就把矿藏全部开采完，有关资料如表 6-2 所示。

表 6-2　　瑞鑫公司矿藏开采项目　　单位：万元

投资与回收		收入与成本	
固定资产投资	80	年销售量（吨）	2 000
营运资本垫支	10	现在投资开发每吨售价	0.1
固定资产残值	0	6 年后投资开发每吨售价	0.13
资本成本率	10%	所得税税率	25%
		付现成本	60

要求：通过计算说明瑞鑫公司是应该现在开采该矿藏还是等到 6 年后再开采。

六、案例分析题

折旧对现金流量的影响

现有 A 和 B 两家企业，全年销售收入、付现费用均相同，所得税税率为 40%。两者的区别是：A 企业有一项可计提折旧的固定资产，每年折旧额相同，B 企业没有可计提折旧的固定资产。两家企业的现金流量如表 6-3 所示。

表 6-3　　折旧对现金流量的影响　　单位:元

项目	A 企业	B 企业
销售收入	40 000	40 000
费用:		
付现营业费用	20 000	20 000
折旧	6 000	0
合计	26 000	20 000
税前利润	14 000	20 000
所得税(25%)	3 500	5 000
税后净利	10 500	15 000
营业现金流入:		
净利	10 500	15 000
折旧	6 000	0
合计	165 00	15 000
A 企业比 B 企业拥有更多现金	15 000	

要求:A 企业利润虽然比 B 企业少 3 600 元,但现金净流入多出 2 400 元,为什么?

第三部分　参考答案

一、名词解释

1. 企业投资

企业投资是指企业将财力投放于一定的对象,以期在未来获取收益的经济行为。

2. 间接投资

间接投资又称证券投资,是指把资金投入证券等金融资产,以便取得股利或利息收入的投资。

3. 对内投资

对内投资又称内部投资,是指把资金投在公司内部,购置各种生产经营用资产的投资。

4. 对外投资

对外投资是指企业以现金、实物、无形资产等方式或者以购买股票、债券等有价证券的方式向其他单位的投资。

5. 现金流量

现金流量在投资决策中是指一个项目引起的企业现金支出和现金收入的数量。

6. 净现值

投资项目投入使用后的净现金流量,按资本成本或企业要求达到的报酬率折算为现值,减去初始投资以后的余额,叫作净现值。

7. 内部报酬率

内部报酬率又称内含报酬率，是指使投资项目的净现值等于零的贴现率。

8. 获利指数

获利指数又称利润系数，是指投资项目未来报酬的总现值与初始投资额的现值之比。

9. 投资回收期

投资回收期是指回收初始投资所需的时间，一般以年为单位，是一种使用范围很广的投资决策指标。

10. 平均报酬率

平均报酬率是指投资项目寿命周期内平均的年投资报酬率，也称平均投资报酬率。

二、单项选择题

1. D	2. A	3. D	4. C	5. B	6. A	7. C	8. A	9. D	10. C
11. A	12. A	13. B	14. C	15. D	16. B	17. B	18. A	19. A	20. A
21. D	22. B	23. C	24. B	25. C					

重难点解析：

2. $\bar{r}=\sum_{i=1}^{n}P_i r_i$，从公式可看出，期望投资收益是各种可能收益的加权平均。

3. 内部报酬率是指各方面获利指数等于 1 的折现率。

4. 第 1 年流动资金需用额＝100－80＝20(万元)，首次流动资金投资额＝20(万元)，第 2 年流动资金需用额＝120－90＝30(万元)，第 2 年的流动资金投资额＝30－20＝10(万元)。

5. 本题中，初始投资额包括固定资产、无形资产、流动资金。

6. 当净现值大于零时，获利指数大于 1。

7. 当折现率为 18%时，净现值为负数，表明内部报酬率小于 18%；当折现率为 16%时，净现值为正数，表明内部报酬率大于 16%，此题 16%到 18%的答案有两项，可用插值法计算。

$$\frac{IRR-16\%}{0-6.12}=\frac{18\%-16\%}{-3.17-6.12}$$，得到 $IRR=17.32\%$

8. 经营现金流量＝(200－100)×(1－25%)＋10＋10＝95(万元)。

9. 净现值为负数，表明内部报酬率没有达到必要报酬率，项目拒绝。

10. 投产后第 1 年到第 8 年，共收回 740 万元，尚未收回 60 万元。

$$PP=8+\frac{60}{80}=8.75(\text{年})$$

11. 净现值和获利指数都不能够直接反映项目实际收益率。直接反映项目实际收益率的指标为内部报酬率。净现值率和获利指数指标均能反映投入与产出之间的关系，三个指标均考虑了资金的时间价值，也使用了全部的现金流量信息。

12. 净现值的计算需要每年现金净流入量求得现值，需要折现率，折现率的选择往往是必要报酬率。

13. $4.6\times PVIFA_{IRR,3}=12$，$PVIFA_{IRR,3}=2.6087$，查年金现值系数表得到：

$PVIFA_{7\%,3}=2.2643$，$PVIFA_{8\%,3}=2.5771$

$$\frac{IRR-7\%}{2.6087-2.6243}=\frac{8\%-7\%}{2.5771-2.2643}$$

得到：$IRR=7.33\%$

2.6087 更靠近 2.2643，表明 IRR 比 7%大，但相对于 8%，IRR 更靠近 7%，可判断选项 B 正确。

14. 当折现率为 16%时，净现值为正数，表明内部报酬率大于 16%；当折现率为 18%时，净现值为负数，表明内部报酬率小于 18%。

15. 经营现金流量＝税后利润＋折旧＝140×(1－25%)＋100＝205(万元)

初始投资 400 万元，可判断不到(接近)2 年可收回初始投资额。答案选 D,1.95 年。

16. 当折现率等于内部报酬率时，求出净现值一定等于零，为内部报酬率的定义。

17. 初始现金流量包括投资前费用、设备购置费用、设备安装费用、建筑工程费、营运资金垫支、原有固定资产的变价收入扣除相关税费后的净收益以及不可预见费用。

初始现金流量＝(2 000＋8 000＋1 000＋6 000＋3 000)×(1＋5%)＝21 000(元)

19. 终结期现金流量包括：固定资产残值收入、原有营运资金垫支的收回和停止使用的资产的变价收入。

20. 贴现的现金流量指标中，当得出矛盾结论时，应以净现值为主。

21. 以前年度支付的研究开发费属于沉没成本，所以在计算现金流量时不必考虑其影响。

22. 购置新设备每年的折旧额＝(915－15)÷6＝150(万元)，旧设备每年的折旧额＝(610－10)÷6＝100(万元)，所以新旧设备每年的折旧额之差＝150－100＝50(万元)。注意旧设备的折旧按照更新改造当时的变价净收入计算。

23. 间接投资，是将资金投放于股票、债券等权益性资产上的企业投资。之所以称为间接投资，是因为股票和债券的发行方，在筹集到资金后，再把这些资金投放于形成生产经营能力的实体性资产，获取经营利润。而间接投资方不直接介入具体生产经营过程，通过股票、债券上所约定的收益分配权利，获取股利或利息收入，分享直接投资的经营利润。购买专利权属于直接投资。

24. 如果各年现金流量相等，可看作普通年金。公式为：$NCF\cdot PVIFA_{IRR,n}=C$，从公式可知，在满足题目条件的情况下，内部报酬率与初始筹资额反向变动。

25. 差量分析法只能用于新旧设备使用寿命相同的固定资产更新决策的情况下。

三、多项选择题

1. ABCD	2. ABCD	3. BC	4. ABC	5. ABC
6. ABC	7. AD	8. AC	9. AC	10. ACD
11. ABD	12. AB	13. ABC	14. BD	15. ABD

重难点解析：

3. 项目投资决策中的现金流量表包括建设期、经营期、终结期的现金流量。项目投资决策的现金流量与财务会计中的现金流量相比，期间特征不同，信息属性不同。

5. 净现值的折现率可以为项目必要报酬率，可以为项目所需资金的综合资本成本，可以为投资其他项目的机会成本，也可以为社会平均资金收益率。具体如何选择，可由项目投资者决定，也可做不同选择，多次计算净现值，帮助做出投资决策。

6. 平均报酬率为非贴现的现金流量指标。

7. 直接投资是指投资于企业的内部项目，即对内投资。企业投资既包括直接投资也包括间接投资。

8. 投资于流动资产属于短期投资。投资于机器设备、无形资产等非流动资产是指长期投资。

10. 资本成本越高，贴现率越高，净现值越小。

11. 在多个方案的组合排队决策中，如果资金总量受限，则应首先按照净现值率或者获利指数的大小进行排队，从中选出使得净现值之和最大的最优组合。

13. 净现值小于0，不代表收入小于成本，只是说明收益率小于折现率，选项D错误。

14. 折现率提高，不影响静态投资回收期，影响动态投资回收期变长，选项A错误。折现率提高会影响净现值、获利指数变小，选项BD正确。不论折现率怎么变化都不会影响内部报酬率。

15. 净现值法考虑了风险因素，通过折现率体现出来，选项C错误。净现值法用绝对数衡量，在投资规模不等的项目之间选择时，可能做出错误的决策选择，选项B正确。净现值法不能像内部报酬率直接反映项目实际收益率，现金流量与折现率的确定有难度，选项BD正确。

四、判断题

1. ×	2. ×	3. ×	4. √	5. √	6. ×	7. ×	8. √	9. √	10. √
11. ×	12. ×	13. ×	14. ×	15. ×	16. √	17. √	18. ×	19. √	20. ×
21. ×	22. ×	23. ×	24. ×	25. ×					

重难点解析：

1. 原始总投资是反映项目所需现实资金的价值指标，是项目定金达到生产能力、开展正常经营活动而投入的全部现实资金。投资额是反映项目投资总体规模的价值指标，等于原始总投资与建设期资本化利息之和。

2. 项目投资决策使用的现金不仅包括各种货币资金，还包括项目需要投入的企业现有的非货币资源的变现价值。

3. 在计算经营现金流量的公式中用到的营业收入，并不是假定没有发生赊销，而是假定当期发生的赊销与当期收回的应收账款相等。

6. 当净现值大于零，获利指数将大于1。

7. 间接投资的资金所有者和资金使用者是相分离的。直接投资的资金所有者和资金使用者是相统一的，都是指企业。

12. 获利指数大于1，只能说明项目的报酬率大于所选用的折现率。折现率一般选为必要报酬率，应该大于资本成本，因此，当获利指数大于1时，项目报酬率高于资本成本。

14. 净现值比较小，只能说明项目的内部报酬率比较接近所选用的贴现率。不能说明内部报酬率也相对较低。

15. 净现值法与获利指数法都各有优点，无法比较哪种方法优。

18. 现金净流量是现金流入量与现金流出量的差额。不能说数值一定大于零。当项目亏损时，现金流出量往往大于现金流入量。

20. 折现现金流量指标又称为动态评价指标。

21. 必要收益率与认识到的风险有关，人们对于资产的安全性有不同的看法。如果某公司陷入财务困难的可能性很大，即该公司股票的产生损失的可能性很大，那么投资于该公司股票将会要求一个较高的收益率，所以，该股票的必要收益率就较高。

22. 在有资本限额的情况下，一般使用获利指数法对多个项目组合进行决策。

23. 原有固定资产的变价收入是扣除相关税费后的净收益。在计算相关税费时，需要考虑净残值的影响。

24. 项目A的内部报酬率高，只能说项目A的实际报酬率比项目B的大，如果项目B的投资规模远大于项目A，那么虽然项目B的内部报酬率不高，但项目B的净现值很有可能远大于项目A。

25. 已经支付过的咨询费是该项决策的沉没成本，不是相关成本。

五、计算题

1. 解：

(1) 初始现金流量。

$NCF_0=-1\ 100$(万元)

$NCF_1=0$

$NCF_2=-200$(万元)

(2) 经营现金流量。

$NCF_{3\sim11}=$净利润$+$折旧$=100+100=200$(万元)

(3) 终结点现金流量。

$NCF_{12}=200+100+200=500$(万元)

2. 解：

(1) $-7\ 500+4\ 000+3\ 000=0$

$PP_{A项目}=2$(年)

$$PP_{B项目}=2+\frac{5\ 000-2\ 500-1\ 200}{3\ 000}=2.43(年)$$

公司要求项目资金必须2年内收回，应选择项目A。

(2) $NPV_{A项目}=4\ 000\times PVIF_{15\%,1}+3\ 500\times PVIF_{15\%,2}+1\ 500\times PVIF_{15\%,3}-7\ 500=-389$(元)

$NPV_{B项目}=2\ 500\times PVIF_{15\%,1}+1\ 200\times PVIF_{15\%,2}+3\ 000\times PVIF_{15\%,3}-5\ 000=53.82$(元)

若公司采用净现值法，应采纳项目B。

3. 解：

(1) 项目经营净现金流量如表 6-4 所示。

表 6-4　项目经营净现金流量　单位：万元

项目	第 0 年	第 1 年	第 2 年	第 3 年	第 4 年	第 5 年
初始投资	−750					
残值						50
营运资本	−250					250
营业收入		750	750	750	750	750
付现成本		300	300	300	300	300
折旧		140	140	140	140	140
税前利润		310	310	310	310	310
所得税费用		77.5	77.5	77.5	77.5	77.5
税后净利		232.5	232.5	232.5	232.5	232.5
项目现金流量	−1 000	372.5	372.5	372.5	372.5	672.5

(2) 项目净现值。

$NPV=372.5\times PVIFA_{10\%,4}+672.5\times PVIF_{10\%,5}-1\ 000=598.34$(万元)

项目净现值为 598.34 万元。

4. 解：

(1) 投资项目现金流量如表 6-5 所示。

表 6-5　投资项目现金流量　单位：万元

项目	第 0 年	第 1 年	第 2 年	第 3~7 年	第 8 年
初始投资	−200	−200			
营运资本垫支			−50		
经营现金流量				105	105
营运资本回收					50
净残值					40
现金流量	−200	−200	−50	105	195

其中：

$$营业现金流量\ NCF_{3\sim8}=\left(400-280-\frac{400-40}{6}\right)\times(1-25\%)+\frac{400-40}{6}$$
$$=105(万元)$$

终结点现金流量 $NCF_8=40+50=90$(万元)

(2) $NPV=105\times PVIFA_{10\%,5}\times PVIF_{10\%,2}+195\times PVIF_{10\%,8}-50\times PVIF_{10\%,2}-200\times PVIF_{10\%,1}-200=-3.24$(万元)

(3) 当 $i=10\%$，$NPV=-3.24$(万元)

当 $i=9\%$，$NPV=16.07$(万元)

$$\frac{IRR-9\%}{0-16.07}=\frac{10\%-9\%}{-3.24-16.07}$$

$IRR=9.83\%$

(4) 由于净现值小于零,内部报酬率小于资本成本,所以项目不可行。

5. 解:

(1) 继续使用旧设备。

旧设备年折旧额 $=150\times\frac{1-10\%}{10}=13.5$(万元)

旧设备账面价值 $=150-13.5\times5=82.5$(万元) <100(万元)

初始现金流量 $=-[100-(100-82.5)\times25\%]=-95.625$(万元)

经营现金流量 $=(1\,500-1\,100-13.5)\times(1-25\%)+13.5=303.375$(万元)

终结现金流量 $=150\times10\%=15$(万元)

继续使用旧设备的净现值 $=303.375\times PVIFA_{10\%,5}+15\times PVIF_{10\%,5}-95.625$

$=1\,063.78$(万元)

(2) 更新设备。

新设备年折旧额 $=200\times\frac{1-10\%}{10}=36$(万元)

初始现金流量 $=-200$(万元)

经营现金流量 $=(1\,650-1\,150-36)\times(1-25\%)+36=384$(万元)

终结现金流量 $=200\times10\%=20$(万元)

继续使用旧设备的净现值 $=384\times PVIFA_{10\%,5}+20\times PVIF_{10\%,5}-200=1\,268.16$(万元)

6. 解:

(1) 计算现在开采的净现值。

初始投资 $=-80-10=-90$(万元)

年折旧额 $=\frac{80-0}{5}=16$(万元)

经营现金流量 $=(2\,000\times0.1-60-16)\times(1-25\%)+16=109$(万元)

终结现金流量 $=109+10=119$(万元)

$NPV=109\times PVIFA_{10\%,4}\times PVIF_{10\%,1}+119\times PVIF_{10\%,6}-90$

$=109\times3.1699\times0.9091+119\times0.5645-90$

$=291.29$(万元)

(2) 计算 6 年后开采的净现值。

初始投资 $=-80-10=-90$(万元)

经营现金流量 $=[2\,000\times0.1\times(1+30\%)-60-16]\times(1-25\%)+16=154$(万元)

终结现金流量 $=154+10=119$(万元)

$NPV=(154\times PVIFA_{10\%,4}\times PVIF_{10\%,1}+164\times PVIF_{10\%,6}-90)\times PVIF_{10\%,6}$

$=(154\times3.1699\times0.9091+164\times0.5645-90)\times0.5645$

$=251.97$(万元)

综上所述，现在开采的净现值为 291.29 万元，6 年后开采的净现值为 251.97 万元，因此应现在开采。

六、案例分析题

本案例要点：折旧对现金流量的影响。

从表 6-3 可以看出，A 企业利润虽然比 B 企业少 4 500 元，但现金净流入多出 1 500 元，其原因在于有 6 000 元的折旧计入成本，使应纳税所得额减少 6 000 元，从而少纳税1 500 元。这笔现金保留在企业，不必付出。折旧对税负的影响可按以下方法计算：

税负减少额＝折旧×所得税税率＝6 000×25%＝1 500(元)

第七章　营运资金管理

第一部分　内容概要

一、营运资金管理概述

（一）营运资金的概念

营运资金是指流动资产减去流动负债后的余额。营运资金的管理既包括流动资产的管理，也包括流动负债的管理。

1. 流动资产

流动资产是指可以在1年以内或超过1年的1个营业周期内变现或运用的资产。流动资产具有占用时间短、周转快、易变现等特点。

2. 流动负债

流动负债是指需要在1年以内或者超过1年的1个营业周期内偿还的债务。流动负债又称短期负债，具有成本低、偿还期短的特点。

（二）营运资金的特点

营运资金的特点包括：①营运资金的周转速度快、周转期短。②营运资金的流动性强。③营运资金的来源具有灵活多样性。④营运资金的数量具有波动性。

（三）营运资金的管理原则

营运资金的管理原则包括：①保证合理的资金需求。②提高资金使用效率。③节约资金使用成本。④保持足够的短期偿债能力。

（四）营运资金策略

企业必须建立一个框架来评估营运资金管理中的风险与收益的平衡，包括营运资金的投资和融资策略。

1. 流动资产的投资策略

企业流动资产投资策略有以下三种：适中的投资组合、激进的投资组合和保守的投资组合。

（1）适中的投资组合。

适中的投资组合是指在保证流动资产正常需要量的情况下，适当保留一定的保险储备量以防不测的组合策略。

（2）激进的投资组合。

在激进的投资组合下，企业对流动资产的投资只保留流动资产的正常需要量，不保留保险储备量，以便最大限度地减少流动资产的占用水平，提高企业投资报酬率。

（3）保守的投资组合。

与激进的投资组合不一样，保守的投资组合从稳健经营的角度出发，在安排流动资产时，除了保证正常需要量和保险储备量外，还安排了一部分额外的储备量，以最大限度地降低企业的风险。

2. 流动资产的筹资策略

(1) 配合型筹资策略。

在配合型筹资策略中,永久性流动资产和固定资产以长期筹资方式(负债或权益)来筹集,临时性流动资产用短期筹资方式来筹集。

(2) 激进型筹资策略。

在激进型筹资策略中,企业以长期负债和权益为所有的固定资产融资,仅对一部分永久性流动资产使用长期筹资方式筹资。

(3) 稳健型筹资策略。

在稳健型筹资策略中,长期筹资支持固定资产、永久性流动资产和某部分临时性流动资产。

二、现金管理

(一) 持有现金的动机

持有现金出于三种动机:交易性动机、预防性动机和投机性动机。

(二) 现金的成本组成

(1) 现金的机会成本,是指企业因持有一定现金余额丧失的再投资收益。

(2) 现金的管理成本,是指企业因持有一定数量的现金而发生的管理费用,如管理者工资、安全措施费用等。

(3) 现金的转换成本,是指企业用现金购入有价证券以及转让有价证券换取现金时付出的费用,即现金同有价证券之间相互转换的成本,如委托买卖佣金、手续费、过户费等。

(4) 现金的短缺成本,是指在现金持有量不足,又无法及时通过有价证券变现加以补充给企业造成的损失,包括直接损失与间接损失。

(三) 最佳现金持有量的确定

现金管理要控制好现金持有的规模,即确定最佳现金持有量。最佳现金持有量是使持有现金的相关总成本最低的现金持有余额。确定最佳现金持有量的模型主要有成本分析模型、存货模型和随机模型等。

1. 成本分析模型

成本分析模型只考虑持有一定数量的现金所产生的机会成本和短缺成本,不考虑转换成本。在成本分析模型下,先根据不同现金持有量计算出各相关成本的数值,再计算相关总成本,相关总成本最小的现金持有量即为最佳现金持有量。

在成本分析模型下,机会成本是正相关成本,短缺成本是负相关成本。因此,成本分析模型是要找到机会成本、短缺成本所组成的总成本曲线中最低点所对应的现金持有量,把它作为最佳现金持有量。

2. 存货模型

存货模型是指企业在确定最佳现金持有量时,运用存货经济批量的原理来确定企业的现金持有量。

存货模型假设:TC 表示总成本;b 表示现金与有价证券每次的转换成本;T 表示特定时期内的现金需求总额;N 表示最佳现金持有量;i 表示短期有价证券利率,计算公式如下:

$$现金持有成本 = \frac{N}{2} \times i$$

$$现金转换成本 = \frac{T}{N} \times b$$

$$总成本\ TC = \frac{N}{2} \times i + \frac{T}{N} \times b$$

$$最佳现金持有量\ N = \sqrt{\frac{2Tb}{i}}$$

3. 随机模型(米勒-奥尔模型)

随机模型回归线 R 计算公式:

$$R = \left(\frac{3b \times \delta^2}{4i}\right)^{\frac{1}{3}} + L$$

式中,b 为证券转换为现金或现金转换为证券的成本;δ 为公司每日现金流量变动的标准差;i 为以日为基础计算的现金机会成本。

最高控制线 H 的计算公式为:

$$H = 3R - 2L$$

(四) 现金的日常控制

(1) 现金周转期计算公式如下:

现金周转期 = 存货周转期 + 应收账款周转期 − 应付账款周转期

式中:

存货周转期 = 平均存货 ÷ 每天的销货成本
应收账款周转期 = 平均应收账款 ÷ 每天的销售收入
应付账款周转期 = 平均应付账款 ÷ 每天的购货成本

(2) 现金收支管理。有效的现金管理方法包括现金流动同步化、合理估计"浮存"、实行内部牵制制度、及时进行现金清查等。

三、应收账款管理

(一) 应收账款的概念

应收账款是指企业因赊销产品、材料和提供劳务等应向购货单位或接受劳务单位收取的款项。

应收账款管理就是要制定科学合理的应收账款信用政策,并将这种信用政策所增加的盈利和采用这种政策预计要负担的成本之间进行权衡,以确定合理的应收账款水平。

(二) 应收账款的功能

应收账款的功能指其在生产经营中的作用,主要有以下两方面:①增加销售。②减少存货。

(三) 应收账款的成本

应收账款作为企业为增加销售和盈利而进行的投资,必然会发生一定的成本。应收账款的成本主要包括机会成本、管理成本和坏账成本。

1. 应收账款的机会成本

应收账款会占用企业一定量的资金，企业若不把这部分资金投放于应收账款，便可以用于其他投资并可能获得收益，如投资债券获得利息收入。这种因投放于应收账款而放弃其他投资所带来的收益，即为应收账款的机会成本。其计算公式为：

$$应收账款机会成本 = 维持赊销业务所需要的资金 \times 资本成本$$

维持赊销业务所需要的资金可按下列步骤计算：

(1) 计算应收账款周转率：

$$应收账款周转率 = 360 \div 应收账款周转期$$

(2) 计算应收账款平均余额：

$$应收账款平均余额 = 赊销收入净额 \div 应收账款周转率$$

(3) 计算维持赊销业务所需要的资金：

$$维持赊销业务所需的资金 = 应收账款平均余额 \times 变动成本率$$

2. 应收账款的管理成本

应收账款的管理成本主要是指在进行应收账款管理时所增加的费用，主要包括：调查顾客信用状况的费用、收集各种信息的费用、账簿的记录费用以及收账费用等。

3. 应收账款的坏账成本

在赊销交易中，债务人由于种种原因无力偿还债务，债权人就有可能无法收回应收账款而发生损失，这种损失就是坏账成本。

(四) 信用政策

为了确保企业能一致性地运用信用和保证公平性，企业必须制定恰当的信用政策，必须明确地规定信用标准、信用条件和收账政策三部分内容。

1. 信用标准

信用标准代表企业愿意承担的最大的付款风险的金额。

“5C”信用评价系统：品质（Character）、能力（Capacity）、资本（Capital）、抵押（Collateral）和条件（Condition）五个方面。

2. 信用条件

信用标准是企业评价客户等级，决定给予或拒绝客户信用的依据。一旦企业决定给予客户信用优惠时，就需要考虑具体的信用条件。信用条件就是指企业接受客户信用订单时所提出的付款要求，主要包括信用期限、折扣期限和现金折扣等。信用条件的基本表现方式如“2/10，n/45”，即若客户能够在发票开出后的 10 日内付款，可以享受 2%的现金折扣；如果放弃折扣优惠，则全部款项必须在 45 日内付清。此处，45 天为信用期限，10 天为折扣期限，2%为现金折扣。

3. 收账政策

收账政策是企业向客户催收逾期未付账款所采取的策略。为了保障应收账款的安全回收，协调与客户的关系，企业要谨慎制定收账政策。如果政策过严，催收过急，可能会得罪那些无恶意拖欠货款的客户，而失去后续订单，影响产品销售和利润水平；但收账政策过于宽松，可能会放任部分恶意拖欠货款的客户，而且收款期的延长也会增加企业的信用成本。

四、存货管理

（一）存货的概念与存货管理的目标

存货是指企业在生产经营过程中为销售或者耗用而储备的物资，包括材料、燃料、低值易耗品、在产品、半成品、产成品和商品等。

存货管理的目标，就是要尽力在各种存货成本与存货效益之间做出权衡，在充分发挥存货功能的基础上，降低存货成本，实现两者的最佳组合。

（二）存货的持有成本

1. 采购成本

采购成本指为取得某种存货而支出的成本，由买价、运杂费等构成。采购成本一般与采购数量呈正比例变化。

2. 订货成本

订货成本是指订购材料、商品而发生的成本。订货成本一般与订货的数量无关，而与订货的次数有关。

3. 储存成本

储存成本是指在物资储存过程中发生的仓储费、搬运费、保险费、占用资金支付的利息费等。

4. 缺货成本

缺货成本是指由于存货储备不足而给企业造成的经济损失，如由于原材料储备不足造成的停工损失，由于商品储备不足造成销售中断的损失，由于成品供应中断导致延误发货的信誉损失及丧失销售机会的损失等。

（三）最佳经济订货批量的确定

1. 经济订货批量模型

经济订货批量又称经济订货量，是指一定时期储存成本和订货成本总和最低的采购批量。存货成本中的储存成本和订货成本与订货量之间具有反向关系。

令 A 表示存货全年需求量；Q 表示每批订货量；F 表示每批订货成本；C 表示每件存货的年储存成本。则有：

$$\text{总成本 } TC = \frac{Q}{2} \times C + \frac{A}{Q} \times F$$

对上式中 Q 求一阶导数，并令其为零，即得：

$$\text{经济订货批量 } Q^* = \sqrt{\frac{2AF}{C}}$$

$$\text{年最佳订货次数} = \frac{A}{Q}$$

2. 实行数量折扣的经济订货批量模型

在经济订货批量基本模型其他各种假设条件均具备的前提下，存在商业折扣时的存货相关总成本可按下式计算：

$$存货相关总成本 = 采购成本 + 订货成本 + 储存成本$$

实行商业折扣的经济订货批量具体确定步骤如下：

第一步，按照基本经济订货批量模型确定没有商业折扣情况下的经济订货批量。

第二步，计算没有商业折扣下的经济订货批量进货时的存货相关总成本。

第三步，计算给予商业折扣下的订货批量进货时的存货相关总成本。

3. 再订货点

为防止存货中断，再订货点应等于交货期内的预计需求与保险储备之和。即：

$$再订货点 = 预计交货期内的需求量 + 保险储备$$

保险储备又称安全储备，是指为防止存货需求量突然增加或交货期延误等不确定情况所持有的存货储备，用 S 来表示。

$$S = \frac{1}{2}(mr - nt)$$

$$R = nt + S = \frac{1}{2}(mr + nt)$$

式中，S 表示存货的保险储备；R 表示再订货点；n 表示货物平均每天的正常耗用量；t 表示从发出订单到货物验收完毕正常所用的时间；m 表示预计货物的最大日耗用量；r 表示从发出订单到货物验收完毕预计最长的收货时间。

（四）存货的控制系统

1. ABC 控制系统

ABC 控制系统就是把企业种类繁多的存货，依据其重要程度、价值大小或者资金占用等标准分为三大类：A 类为高价值库存，品种数量占全部库存的 10%至 15%，但价值占全部库存的 50%至 70%；B 类为中等价值库存，品种数量占全部库存的 20%至 25%，价值占全部库存的 15%至 20%；C 类为低价值库存，品种数量多，占全部库存的 60%至 70%，价值占全部库存的 10%至 35%。A 类库存应作为管理的重点，实行重点控制、严格管理；对 B 类和 C 类库存的重视程度则可依次降低，采取一般管理。

2. 适时制库存控制系统

适时制库存控制系统，又称零库存管理、看板管理系统，是指制造企业事先与供应商和客户协调好，只有当制造企业在生产过程中需要原料或零件时，供应商才会将原料或零件送来，而每当产品生产出来就被客户拉走。这样，制造企业的库存持有水平就可以大大下降。

五、短期负债管理

（一）短期借款

1. 短期借款的概念

短期借款是指企业向银行和其他非银行金融机构借入的期限在 1 年以内的借款。

2. 短期借款的信用条件

按照国际通行做法，银行发放短期借款往往带有一些信用条件，具体包括：

(1) 信贷限额。信贷限额是银行对借款人规定的无担保贷款的最高额。

(2) 周转信贷协定。周转信贷协定是银行具有法律义务地承诺提供不超过某一最高限额的贷款协定。

(3) 补偿性余额。补偿性余额是银行要求借款企业在银行中保持按贷款限额或实际借用额一定百分比(一般为10%～20%)的最低存款余额。

(4) 借款抵押。银行向财务风险较大的企业或对其信誉不甚有把握的企业发放贷款，有时需要有抵押品担保，以减少自己蒙受损失的风险。

(5) 偿还条件。贷款的偿还有到期一次偿还和在贷款期内定期(每月、季)等额偿还两种方式。

(6) 其他承诺。银行有时还要求企业为取得贷款而做出其他承诺，如及时提供财务报表、保持适当的财务水平(如特定的流动比率)等。

3. 短期借款利息的支付方法

(1) 收款法。收款法是在借款到期时向银行支付利息的方法。银行向工商企业发放的贷款大都用这种方法收息。

(2) 贴现法。贴现法是银行向企业发放贷款时，先从本金中扣除利息部分，而到期时企业则要偿还贷款全部本金的一种计息方法。

(3) 加息法。加息法是银行发放分期等额偿还贷款时采用的利息收取方法。

4. 企业对银行的选择

随着金融信贷业的发展，可向企业提供贷款的银行和非银行金融机构增多，企业有更多机会在各贷款机构之间做出选择，以图对己最为有利。重要的是要获取适宜的借款种类、借款成本和借款条件，此外还应考虑下列有关因素：①银行对贷款风险的政策。②银行对企业的态度。③贷款的专业化程度。④银行贷款政策的稳定性。

(二) 商业信用

1. 商业信用的概念和种类

商业信用的条件指销货人对付款时间和现金折扣所做的具体规定，主要有：预收货款、延期付款(不涉及现金折扣)和延期付款，但早付款可享受现金折扣。

2. 现金折扣成本的计算

在采用商业信用的形式销售产品时，为鼓励购买单位尽早付款，销货单位往往都规定一些信用条件，这主要包括现金折扣和付款期间两部分内容。如果销货单位提供现金折扣，购买单位应尽量争取获得此项折扣，因为丧失现金折扣的机会成本很高。

放弃现金折扣的成本计算公式为：

$$放弃现金折扣的成本=\frac{折扣百分比}{1-折扣百分比}\times\frac{360}{信用期-折扣期}$$

商业信用筹资应用方便，筹资成本相对较低，限制条件较少，但期限一般较短。

第二部分　练　习　题

一、名词解释

1. 营运资金
2. 存货
3. 现金机会成本
4. 现金转换成本
5. 信用条件
6. 经济订货批量
7. 再订货点
8. 订货成本
9. 储存成本

二、单项选择题

1. 下列各项中，与企业为应付紧急情况而需要保持的现金余额无关的是(　　)。

A. 企业愿意承担风险的程度　　B. 企业临时举债能力的强弱

C. 企业销售水平　　D. 企业对现金流量预测的可靠程度

2. 某企业年赊销额为 500 万元(1 年按 360 天计算)，应收账款周转率为 10 次，变动成本率为 60%，资本成本为 8%，则企业的应收账款机会成本为(　　)万元。

A. 2.4　　B. 30　　C. 3.6　　D. 4.2

3. (　　)反映了客户的经济实力与财务状况的优劣，是客户偿付债务的最终保证。

A. 信用品质　　B. 偿付能力　　C. 资本　　D. 抵押品

4. 某企业销售商品，年赊销额为 500 万元，信用条件为(2/10，1/20，n/40)，预计将会有 60%客户享受 2%的现金折扣，30%的客户享受 1%的现金折扣，其余的客户均在信用期内付款，则企业应收账款的平均收账天数为(　　)天。

A. 14　　B. 15　　C. 16　　D. 无法计算

5. 根据营运资金管理理论，下列各项中，不属于企业应收账款成本内容的是(　　)。

A. 机会成本　　B. 管理成本

C. 短缺成本　　D. 坏账成本

6. 某企业全年需要甲材料 240 吨，每次进货成本 40 元，每吨材料年储存成本 12 元，则每年最佳进货次数为(　　)次。

A. 3　　B. 4　　C. 6　　D. 9

7. 企业评价客户等级，决定给予或拒绝客户信用的依据是(　　)。

A. 信用标准　　B. 收账政策

C. 信用条件　　D. 信用政策

8. 下列各项中，可用于计算营运资金的算式是(　　)。

A. 资产总额－负债总额　　B. 流动资产总额－负债总额

C. 流动资产总额一流动负债总额　　D. 速动资产总额一流动负债总额

9. 下列各项中，不直接影响保险储备量计算的是(　　)。

A. 平均每天正常耗用量　　B. 预计最长订货提前期

C. 预计每天最小耗用量　　D. 正常订货提前期

10. 在资产总额和筹资组合都保持不变的情况下，如果固定资产增加，则短期资产减少，而企业的风险和盈利(　　)。

A. 不变　　B. 增加

C. 一个增加，另一个减少　　D. 不确定

11. 信用条件"2/10，n/30"表示(　　)。

A. 信用期限为10天，折扣期限为30天

B. 如果在开票后10～30天内付款可享受2%的折扣

C. 信用期限为30天，现金折扣为20%

D. 如果在10天内付款，可享受2%的现金折扣

12. 下列关于信用标准的说法中，不正确的是(　　)。

A. 信用标准是企业同意向顾客提供商业信用而提出的基本要求

B. 信用标准主要是规定企业只能对信誉很好、坏账损失率很低的顾客给予赊销

C. 如果企业的信用标准较严，则会减少坏账损失，减少应收账款的机会成本

D. 如果信用标准较宽，虽然会增加销售，但会相应增加坏账损失和应收账款的机会成本

13. 经济批量是指(　　)。

A. 采购成本最低的采购批量　　B. 订货成本最低的采购批量

C. 储存成本最低的采购批量　　D. 存货总成本最低的采购批量

14. 某公司每天正常耗用甲零件10件，订货提前期为10天，预计最大耗用量为20件，预计最长收货时间为20天，则该公司的保险储备和再订货点分别为(　　)件和(　　)件。

A. 150，250　　B. 100，400　　C. 200，250　　D. 250，150

15. 企业持有现金的原因，主要是为了满足(　　)。

A. 交易性、预防性、收益性需要　　B. 交易性、投机性、收益性需要

C. 交易性、预防性、投机性需要　　D. 预防性、收益性、投机性需要

16. 下列各项中，属于持有现金的机会成本的是(　　)。

A. 现金管理人员工资　　B. 现金安全措施费用

C. 现金被盗损失　　D. 现金的再投资收益

17. 某企业每年向供应商购入100万元的商品，该供应商提供的信用条件为"2/10，n/40"，若该企业放弃现金折扣，则其放弃现金折扣的资本成本为(　　)。

A. 22.36%　　B. 24.49%　　C. 26.32%　　D. 36.73%

18. 下列各项中，属于应收账款机会成本的是(　　)。

A. 应收账款占有资金的应计利息　　B. 客户资信调查费用

C. 坏账损失　　D. 收账费用

19. 下列各项中，对应收账款信用期限的叙述正确的是(　　)。

A. 信用期限越长，企业坏账风险越小

B. 信用期限越长，表明客户享受的信用条件越优越

C. 延长信用期限，不利于销售收入的扩大

D. 信用期限越长，应收账款的机会成本越低

20. 预计销售额将由 3 600 万元变为 7 200 万元，收账期为 60 天，若该企业的变动成本率为 60%，机会成本率为 10%，假设成本水平保持不变，则该企业应收账款占用资本增加(　　)万元。

A. 3 600　　B. 36　　C. 360　　D. 600

21. 下列各项中，关于现金折扣的表述正确的是(　　)。

A. 现金折扣又称商业折扣

B. 现金折扣率越低，企业付出的代价越高

C. 现金折扣是为了加快账款的回收而给予顾客的一定优惠

D. 为了增加利润，应当取消现金折扣

22. 已知 B 公司应收账款周转期为 70 天，应付账款周转期为 30 天，存货周转期为 80 天，货币资金周转期为(　　)天。

A. 100　　B. 120　　C. 150　　D. 180

23. 在其他条件相同的情况下，下列各项中，可以加速现金周转的是(　　)。

A. 减少存货量　　B. 减少应付账款

C. 放宽赊销信用期　　D. 利用供应商提供的现金折扣

24. 在应收账款保理业务中，保理商和供应商将应收账款被转让的情况通知购货商，并签订三方合同，同时，供应商向保理商融通资金后，如果购货商拒绝付款，保理商有权向供应商要求偿还融通的资金，则这种保理是(　　)。

A. 暗保理，且是无追索权的保理　　B. 明保理，且是有追索权的保理

C. 暗保理，且是有追索权的保理　　D. 明保理，且是无追索权的保理

25. 企业将资金投放于应收账款而放弃其他投资项目，就会丧失这些投资项目可能带来的收益，则该收益是(　　)。

A. 应收账款的管理成本　　B. 应收账款的机会成本

C. 应收账款的坏账成本　　D. 应收账款的短缺成本

26. 某公司全年需用 X 材料 18 000 件，计划开工 360 天。该材料从订货日至到货日的时间为 5 天，保险储备量为 100 件。该材料的再订货点是(　　)件。

A. 100　　B. 150　　C. 250　　D. 350

27. 采用 ABC 控制法进行存货管理时，应该重点控制的存货类别是(　　)。

A. 品种较多的存货　　B. 数量较多的存货

C. 库存时间较长的存货　　D. 单位价值较大的存货

28. 下列各项成本中，与现金的持有量成正比例关系的是(　　)。

A. 管理成本　　B. 企业持有现金放弃的再投资收益

C. 固定性转换成本　　D. 短缺成本

29. 某企业年初从银行贷款 100 万元，期限 1 年，年利率为 10%，按照贴现法付息，则年

末应偿还的金额为(　　)万元。

A. 70　　B. 90　　C. 100　　D. 110

30. 下列各项中，与丧失现金折扣的机会成本成反向变化的是(　　)。

A. 现金折扣　　B. 折扣期　　C. 信用标准　　D. 信用期

三、多项选择题

1. 与长期负债筹资相比，流动负债筹资的特点包括(　　)。

A. 速度快　　B. 弹性大

C. 成本低　　D. 风险小

2. 下列各项中，属于企业为满足交易动机所持有现金的有(　　)。

A. 偿还到期债务　　B. 派发现金股利

C. 在银行维持补偿性余额　　D. 缴纳税款

3. 经济订货批量(　　)。

A. 与存货的年度总需求量同向变动　　B. 与每次订货的变动成本反向变动

C. 与单位存货的年储存成本反向变动　　D. 与存货的购置成本同向变动

4. 应收账款的功能包括(　　)。

A. 促进销售　　B. 减少存货　　C. 增加现金　　D. 减少借款

5. 应收账款的信用条件包括(　　)。

A. 信用期限　　B. 折扣期限　　C. 现金折扣　　D. 收账政策

6. 不适当地延长信用期限给企业带来的后果包括(　　)。

A. 应收账款机会成本增加　　B. 坏账损失减少

C. 坏账损失增加　　D. 收账费用增加

7. 下列各项中，属于应收账款管理成本的有(　　)。

A. 资金因投资应收账款而丧失的其他收入

B. 应收账款无法收回带来的损失

C. 客户资信调查费用

D. 应收账款收账费用

8. 在现金管理的成本分析模型下，决策相关成本有(　　)。

A. 机会成本　　B. 管理成本

C. 转换成本　　D. 短缺成本

9. 评估顾客信用的5C评估法中的“5C”包括(　　)。

A. 品质　　B. 能力　　C. 利润　　D. 资本

10. 信用标准过高的可能结果包括(　　)。

A. 丧失很多销售机会　　B. 降低违约风险

C. 扩大市场占有率　　D. 减少坏账费用

11. 某企业每年耗用甲材料360 000千克，该材料的单位采购成本为100元/千克，单位年储存成本为4元/千克，平均每次进货费用为200元，则下列表述中，正确的有(　　)。

A. 经济进货批量是6 000千克

B. 经济进货批量相关的总成本是 24 000 元

C. 经济进货批量平均占有资金为 300 000 元

D. 年度最佳进货批次为 60 次

12. 运营资本组合筹资策略有(　　)。

A. 配合型组合筹资策略　　B. 激进型组合筹资策略

C. 稳健型组合筹资策略　　D. 保守型组合筹资策略

13. 现金成本包括(　　)。

A. 持有成本　　B. 转换成本　　C. 短缺成本　　D. 管理成本

14. 编制现金预算时，如果现金余缺大于最佳现金持有量，则企业可采取的措施有(　　)。

A. 销售短期有价证券　　B. 偿还部分借款利息

C. 购入短期有价证券　　D. 偿还部分借款本金

15. 下列管理措施中，可以缩短现金周转期的有(　　)。

A. 提前偿还短期融资券　　B. 利用商业信用延期付款

C. 加大应收账款催收力度　　D. 加快制造和销售产品

16. 运用成本模型确定企业最佳现金持有量时，现金持有量与持有成本之间的关系表现为(　　)。

A. 现金持有量越小，总成本越大　　B. 现金持有量越大，机会成本越大

C. 现金持有量越小，短缺成本越大　　D. 现金持有量越大，管理总成本越大

17. 在一定时期内，应收账款周转次数多、周转天数少表明(　　)。

A. 收账速度快　　B. 信用管理政策宽松

C. 应收账款流动性强　　D. 应收账款管理效率高

18. 一般而言，存货周转次数增加，其所反映的信息有(　　)。

A. 盈利能力下降　　B. 存货周转期延长

C. 存货流动性增强　　D. 资产管理效率提高

19. 存货的短缺成本包括(　　)。

A. 替代材料紧急采购的额外开支　　B. 材料供应中断造成的停工损失

C. 延误发货造成的信誉损失　　D. 丧失销售机会的损失

20. 在流动资产投资策略的选择上，如果一个公司是保守的，那么以下表述中，合理的有(　　)。

A. 具有低水平的流动资产与销售收入比率

B. 企业资产具有较高的流动性

C. 盈利能力较强

D. 营运风险较低

四、判断题

1. 加速收款是企业提高现金使用效率的重要策略之一，因此，企业要努力把应收账款降低到最低水平。(　　)

2. 再订货点的高低对经济订货批量不产生影响，对订货次数也没有影响。（　）

3. 企业通过信用调查和严格信用审批制度，可以解决账款遭到拖欠甚至拒付的问题。（　）

4. 企业营运资金越多，则企业的风险越大，收益率越高。（　）

5. 企业现金管理的目的首先是使现金获得最大的收益，其次是保证日常生产经营业务的现金需求。（　）

6. 营运资金具有流动性强的特点，但是流动性越强的资产其收益性就越差。（　）

7. 如果一个企业的短期资产比较多，短期负债比较少，说明短期偿债能力较弱。（　）

8. 赊销是扩大销售的有力手段之一，企业应尽可能放宽信用条件，增加赊销量。（　）

9. 企业加速收款的任务不仅是尽量使顾客早付款，而且要尽快地使这些付款转化为可用现金。（　）

10. 要制定最优的信用政策，应把信用标准、信用条件、收账政策结合起来，考虑其综合变化对销售额、应收账款机会成本、坏账成本和收账成本的影响。（　）

11. 在存货规划时，保险储备的存在会影响经济订货批量的计算，同时会影响再订货点的确定。（　）

12. 能够使企业的进货成本、储存成本和缺货成本之和最低的进货批量，便是经济进货批量。（　）

13. 因为货币资金的管理成本是相对固定的，所以在确定货币资金最佳持有量时，可以不用考虑它的影响。（　）

14. 在正常业务活动现金需要量的基础上，追加一定数量的现金余额以应付未来货币资金流入和流出的随机波动，这是出于投机动机。（　）

15. 企业在不影响自己信誉的前提下，尽可能地推迟应付账款的支付期，是企业日常货币资金管理的措施之一。（　）

16. 一般来讲，当某种存货品种数量比例达到70%，可将其划分为A类存货，进行重点管理和控制。（　）

17. 在存货的ABC分类管理法下，应当重点管理的是虽然品种数量较少，但金额较大的存货。（　）

18. 企业为满足交易动机所持有的货币资金余额主要取决于企业的销售水平。（　）

19. 应收账款的机会成本的大小与企业维持赊销业务所需要的资金和资本成本有关。（　）

20. 在存货模式下，持有货币资金的机会成本与现金固定性转换成本相等时的持有量为最佳货币资金持有量。（　）

21. 在年需要量确定的情况下，经济订货批量越大，进货间隔期越长。（　）

22. 现金折扣是企业为了鼓励顾客多买商品而给予的价格优惠，每次购买的数量越多，价格也就越便宜。（　）

23. 企业花费的收账费用越多，坏账损失就一定减少。（　）

24. 在确定信用标准时，只要提供商业信用增加的成本低于扩大销售增加的利益，企业就可以进一步提供商业信用。（　）

25. 配合型组合筹资策略以长期资金来满足部分永久性资产的需要，而余下的永久性资产和临时性资产则用短期资金来满足。（　　）

26. 营运资金具有多样性、波动性、短期性、变动性和不易变现等特点。（　　）

27. 应付账款是供应商给企业的一种商业信用，采用这种融资方式是没有成本的。（　　）

28. 应收账款保理，从风险角度看，有追索权的保理相对于无追索权的保理对供应商更有利，对保理商更不利。（　　）

29. 存货管理的目标是在保证生产和销售需要的前提下，最大限度地降低存货成本。（　　）

30. 企业持有的现金总额就是各种动机所需的现金余额之和。（　　）

五、计算题

1. 某公司预计全年需要现金 80 000 元，现金与有价证券的转换成本为每次 400 元，有价证券的利息率为 25%。

要求：计算该公司的最佳现金余额。

2. 某公司每年需要某种原材料 600 吨，每次订货的固定成本为 8 000 元，每吨原材料年储存保管费用为 6 000 元。每吨原材料的价格为 800 元，但如果一次订购超过 50 吨，可得到 2%的批量折扣。

要求：计算该公司应以多大批量订货。

3. 某企业平均每天消耗甲材料 30 千克，预计每天最大消耗量为 50 千克。甲材料从发出订单到货物验收完毕平均需要 10 天，预计最长需要 13 天。

要求：计算甲材料的再订货点。

4. 若企业的原材料购买和产品销售均采用信用方式，其应收账款的平均收账期为 80 天，应付账款的平均收账期为 95 天，从原材料购买到产成品销售的期限为 105 天。

要求：

（1）计算该公司的现金周转期。

（2）计算该公司的现金周转次数。

（3）若该公司现金年度需求量为 480 万元，计算最佳现金持有量。

5. 某公司预测 2019 年度销售收入净额为 4 500 万元，现销与赊销比例为 1∶4，应收账款平均收账天数为 60 天，变动成本率为 50%，企业的资本成本为 10%。

要求：

（1）计算 2019 年度赊销额。

（2）计算 2019 年度应收账款的平均余额。

（3）计算 2019 年度维持赊销业务所需要的资金额。

（4）计算 2019 年度应收账款的机会成本。

（5）若 2019 年应收账款需控制在 400 万元左右，在其他因素不变的情况下，应收账款平均收账天数应调整为多少天？

第三部分 参考答案

一、名词解释

1. 营运资金

营运资金是指流动资产减去流动负债后的余额。

2. 存货

存货是指企业在生产经营过程中为销售或者耗用而储备的物资，包括材料、燃料、低值易耗品、在产品、半成品、产成品和商品等。

3. 现金机会成本

现金机会成本是指企业因持有一定现金余额而丧失的再投资收益。

4. 现金转换成本

现金转换成本是指企业用现金购入有价证券以及转让有价证券换取现金时付出的费用，即现金同有价证券之间相互转换的成本，如委托买卖佣金、手续费和过户费等。

5. 信用条件

信用条件是指企业接受客户信用订单时所提出的付款要求，主要包括信用期限、折扣期限和现金折扣等。

6. 经济订货批量

经济订货批量是指一定时期储存成本和订货成本总和最低的采购批量。

7. 再订货点

再订货点是指订购下一批存货时本批存货的储存量。

8. 订货成本

订货成本是指订购材料、商品而发生的成本。

9. 储存成本

储存成本是指在物资储存过程中发生的仓储费、搬运费、保险费和占用资金支付的利息费等。

二、单项选择题

1. C	2. A	3. C	4. C	5. C	6. C	7. A	8. C	9. C	10. B
11. D	12. B	13. D	14. A	15. C	16. D	17. B	18. A	19. B	20. C
21. C	22. B	23. A	24. B	25. B	26. D	27. D	28. B	29. C	30. D

重难点解析：

1. 企业为应付紧急情况而需要保持的现金余额基于预防动机，它主要取决于：企业愿意承担风险的程度、企业临时举债能力的强弱、企业对现金流量预测的可靠程度。企业销售水平与现金持有余额无关。

2. 应收账款机会成本$=\frac{500}{10}\times60\%\times8\%=2.4$(万元)

3. 考查知识点"5C"信用评价系统。

4. 应收账款平均收账天数$=60\%\times10+30\%\times20+10\%\times40=16$(天)

5. 企业应收账款相关成本包括机会成本、管理成本、坏账成本。

6. $Q^*=\sqrt{\frac{2AF}{C}}=\sqrt{\frac{2\times240\times40}{12}}=40$(吨)

最佳进货次数$=\frac{A}{Q^*}=\frac{240}{40}=6$(次)

10. 企业资产总额不变,增加固定资产,经营风险增加,盈利增加。

11. "2"为现金折扣,"10"为折扣期限,"40"为信用期限。

13. 最佳经济订货批量是指存货相关总成本最低时的采购批量。

14. 保险储备 $S=\frac{1}{2}(mr-nt)=\frac{1}{2}(20\times20-10\times10)=150$(件)

再订货点 $R=\frac{1}{2}(mr+nt)=\frac{1}{2}(20\times20+10\times10)=250$(件)

17. 放弃现金折扣的的资本成本$=\frac{2\%}{1-2\%}\times\frac{360}{40-10}=24.49\%$

19. 信用期限越长,客户享有的信用条件越优越,企业的坏账风险就越大,企业的应收账款平均余额也越大,其机会成本也越高。

20. 应收账款占用资本增加额$=\frac{7\ 200-3\ 600}{360\div60}\times60\%=360$(万元)

应收账款所占用的资金增加 360 万元,应收账款机会成本增加 36 万元。

21. 现金折扣与商业折扣有区别。商业折扣是企业为了促进销售,给予客户不同购买规模的价格折让。现金折扣是企业为了更早收回应收账款,给予客户的收款折让。

22. 货币资金周转期=应收账款周转期+存货周转期−应付账款周转期

$=70+80-30=120$(天)

23. 减少存货、减少应收账款以及增加应付账款能够加快现金周转。

24. 购货商知晓供应商将应收账款转让给保理商,合同涉及三方,因此是明保理。合同条款规定,如果购货商拒付款,保理商有权向供应商偿还资金,因此是带有追索权的保理。

26. 再订货点$=50\times5+100=350$(件)

28. 现金管理成本具有固定成本的性质,在一定范围内与现金持有量关系不大,属于决策无关成本。放弃的再投资收益即机会成本属于变动成本,它与现金持有量成正比例关系。固定性转换成本与现金持有量成反比例关系。短缺成本与现金持有量反方向变动。

29. 贴现法是银行向企业发放贷款时,先从本金中扣除利息部分,在贷款到期时借款企业偿还全部本金的一种计息方法。

30. 放弃现金折扣的机会成本$=\frac{\text{折扣百分比}}{1-\text{折扣百分比}}\times\frac{360}{\text{信用期}-\text{折扣期}}$

放弃现金折扣的机会成本与现金折扣、折扣期成正方向变化,与信用期成反方向变化。

三、多项选择题

1. ABC	2. ABD	3. AC	4. AB	5. ABC
6. ACD	7. CD	8. AD	9. ABD	10. ABD
11. ABCD	12. ABC	13. ABCD	14. BCD	15. BCD
16. BC	17. ACD	18. CD	19. ABCD	20. BD

重难点解析：

2. 在银行维持补偿性余额属于预防性动机。

3. 由公式 $Q^* = \sqrt{\frac{2AF}{C}}$ 可看出，经济订货批量与存货年度总需求量、每次订货成本成正比；与单位存货的年储存成本成反比。

7. 应收账款的管理成本是指企业对应收账款进行管理而耗费的开支，主要包括对客户的资信调查费用、收账费用和其他费用。选项A属于应收账款机会成本，因应收账款无法收回带来的损失属于坏账成本。

9. “5C”信用评价系统是指品质(Character)、能力(Capacity)、资本(Capital)、抵押(Collateral)和条件(Condition)五个方面。

10. 信用标准过高会减少企业市场占有率。

14. 如果现金余缺大于最佳现金持有量，则要将超过最佳现金持有量的资金或偿还借款本金，或支付利息，或短期投资购入有价证券等。选项A销售短期有价证券会使得企业现金继续增加。

15. 缩短现金周转期的方式有缩短应收账款和存货周转期，延长应付账款周转期。

16. 对于成本模型，现金持有量越大，机会成本(持有成本)越大，短缺成本越小。

17. 应收账款周转次数多，周转天数少，原因有可能是信用管理政策收紧。

18. 存货周转次数增加，反映的信息有存货周转期缩短，存货流动性增强，资产管理效率提高。存货周转率对盈利能力的反应不敏感，但存货周转速度加快，可能由产品畅销引起，盈利能力有可能增强。

19. 存货的短缺成本包括由于材料供应中断造成的停工损失、成品供应中断导致延误发货的信誉损失以及丧失销售机会的损失等。如果能够以替代材料解决库存材料供应中断之急的话，缺货成本表现为替代材料紧急采购的额外开支。

20. 流动资产投资策略保守的情况下，会持有较高水平的流动资产，因此流动总资产与销售收入比率将较高，选项A错误。具有较高的流动性，选项B正确。流动资产比率高，固定资产比例相对低，经营风险较低，选项D正确。无法判断盈利能力，选项C错误。

四、判断题

1. ×	2. √	3. ×	4. ×	5. ×	6. √	7. ×	8. ×	9. √	10. √
11. ×	12. √	13. √	14. ×	15. √	16. ×	17. √	18. √	19. √	20. √
21. √	22. ×	23. ×	24. √	25. ×	26. ×	27. ×	28. ×	29. √	30. ×

重难点解析：

1. 企业如果把应收账款降低到最低水平，就要将信用标准设定很高，这将降低企业的营业收入，影响到利润。因此，企业要在应收账款与营业收入的影响中达到平衡，合理设定信用标准与信用条件。

3. 在企业向客户提供商业信用时，必须考虑三个问题：客户是否会拖欠或拒付账款，程度如何；怎样最大限度地防止客户拖欠账款；一旦账款遭到拖欠甚至拒付，企业应采取怎样的对策。其中前两个问题主要靠信用调查和严格信用审批制度，第三个问题则必须通过制定完善的收账方针，采取有效的收账措施予以解决。

4. 营业资金越多，企业的风险越小，收益率越低。

5. 企业现金管理的目的首先是保证日常生产经营业务的现金需求，其次是使现金获得最大收益。

7. 如果一个企业的短期资产比较多，短期负债比较少，说明企业短期偿债能力较强。

8. 赊销是扩大销售的有力手段之一，但赊销会增加应收账款的规模，增加坏账，因此，企业要在扩大销售与应收账款管理中找到平衡。

11. 保险储备不会影响经济订货批量的计算，但是会影响再订货点。

14. 在正常业务活动现金需要量的基础上，追加一定数量的现金余额以应付未来货币资金流入和流出的随机波动，这是出于预防性动机。

16. ABC 控制法的分类标准是金额，不是数量。

22. 商业折扣是企业为了鼓励顾客多买商品而给予的价格优惠，每次购买的数量越多，价格也就越便宜。现金折扣是鼓励顾客更早的支付货款给予的折让。

23. 收账费用存在一个饱和度，在达到饱和度之前，增加收账费用，坏账损失减少。达到饱和度之后，继续增加收账费用，坏账损失不再减少。

25. 配合型筹资策略性以长期资金来满足固定资产和永久性资产的需要，以短期资金来满足临时性资产的需要。

26. 营运资金其中一个特点是易变现性，具有高流动性、周转速度快。

27. 应付账款是一种商业信用，这种融资方式表面上看没有成本，但如果企业超过了销售方给予的信用期限，企业的信誉降低，会带来隐性成本。

28. 应收账款保理，从风险角度看，有追索权的保理相对于无追索权的保理对保理商更有利，对供应商更不利。

30. 由于各种动机所需的现金可以调节使用，企业持有的现金总额并不等于各种动机所需现金余额的简单相加，前者通常小于后者。

五、计算题

1. 解：

最佳现金余额 $N=\sqrt{\dfrac{2\times 80\,000\times 400}{25\%}}=16\,000$(元)

2. 解：

经济批量 $Q^{*}=\sqrt{\frac{2\times8\ 000\times600}{6\ 000}}=40$(吨)

(1) 如果按经济批量订货,放弃折扣,总成本为:

$\frac{600\times8\ 000}{40}+\frac{40\times6\ 000}{2}+600\times800=720\ 000$(元)

(2) 如果不按经济批量订货,取得数量折扣,总成本为:

$\frac{600\times8\ 000}{50}+\frac{50\times6\ 000}{2}+600\times800\times(1-2\%)=716\ 400$(元)

因此,公司应以50吨的批量订货。

3. 解:

再订货点 $=\frac{50\times13+30\times10}{2}=475$(千克)

4. 解:

(1) 现金周转期$=105+80-95=90$(天)

(2) 现金周转次数$=\frac{360}{90}=4$(次)

(3) 最佳现金持有量$=\frac{480}{4}=120$(万元)

5. 解:

(1) 赊销额$=\frac{4\ 500\times4}{1+4}=3\ 600$(万元)

(2) 应收账款平均余额$=\frac{3\ 600}{360}\times60=600$(万元)

(3) 维持赊销业务所需要的资金额$=600\times50\%=300$(万元)

(4) 应收账款的机会成本$=300\times10\%=30$(万元)

(5) 调整后的应收账款平均收账天数$=\frac{400\times360}{3\ 600}=40$(天)

第八章　利 润 分 配

第一部分　内 容 概 要

一、利润分配概述

利润分配是财务管理的一项重要内容，是利用财务手段确保生产经营成果的合理归属和正确分配的管理过程。利润分配概念有广义和狭义之分，广义的利润分配是指对企业收入和利润进行分配的过程，狭义的利润分配则是指对企业净利润的分配。

（一）利润分配的基本原则

企业应遵循以下几条基本原则：①依法分配原则。②力求兼顾各方面利益原则。③分配和积累并重的原则。④投资与收益对等原则。⑤资本保全原则。

（二）确定利润分配政策时应考虑的因素

（1）法律因素包括：①资本保全约束。②资本积累约束。③净利润约束。④偿债能力约束。⑤超额累积利润约束。

（2）股东因素包括：①控制权考虑。②避税考虑。③稳定收入考虑。④规避风险考虑。

（3）企业因素包括：①企业举债能力。②未来投资机会。③盈余稳定状况。④资产流动状况。⑤筹资成本。⑥偿还债务的需要。

（4）其他因素包括：①契约性约束。②通货膨胀。

二、股利分配

（一）利润分配的程序

股份有限公司当年实现的利润总额，应按照国家税法规定作相应调整后，依法交纳所得税，然后按下列顺序进行分配：①弥补以前年度亏损。②提取法定盈余公积。③提取任意盈余公积。④向投资者分配利润。

（二）股利的种类

股份有限公司支付股利的形式有现金股利、股票股利、财产股利和负债股利，其中最基本的是现金股利和股票股利。

（1）现金股利是指股份制企业以现金的形式发放给股东的股利，这是最常见的股利支付方式。

（2）股票股利是指企业以股票形式发放的股利，即以股票作为股利的一种形式，按股东股份的比例发放。

（3）财产股利是指企业用现金以外的其他资产分配股利的一种形式。常用的形式是用企业持有的其他企业的股票、债券等有价证券来发放股利。

（4）负债股利是指企业通过向股东负债的形式来代替股利发放的一种形式。负债股利的具体形式有两种：本企业发行的企业债券和本企业开出带息的应付票据。

（三）股利的发放程序

股份有限公司分配股利必须遵循法定的程序，先由董事会提出分配预案，然后提交股东大会决议，股东大会决议通过分配预案之后，向股东宣布发放股利的方案，并确定股权登记日、除息日和股利支付日等。

（1）股利宣告日是指企业董事会将股利支付情况予以公告的日期。公告中将宣布每股支付的股利、股权登记期限、除去股息的日期和股利支付日期。

（2）股权登记日是指有权领取股利的股东资格登记截止日期，只有在股权登记日这一天在企业股东名册上有名的股东，才有权分享股利。

（3）除权日（或除息日）是指领取股利的权利与股票相互分离的日期。在除权日（或除息日）之前的股票交易都是含股利的，从除权日（或除息日）起，股票交易将不再含有股利，卖者仍可享有股利。

（4）股利支付日是指企业向股东支付股利的日期。

三、股利理论与股利政策

（一）股利理论

有关股利分配对企业价值影响的理论观点大致可以分为两种：股利无关论观点和股利相关论观点。

1. 股利无关论（又称“MM 理论”）

股利无关论观点认为，企业股票价格由企业投资方案和获利能力所决定，股利政策不会对企业的股票价格产生影响。

2. 股利相关论

（1）“一鸟在手”理论。该理论认为，就股利和资本利得的收益形式而言，一些股东可能更偏好股利，从而对股票价格产生一定影响。

（2）信号传递理论。该理论认为，股利政策之所以会影响企业股票的价值，是因为在信息不对称的情况下，股利能将企业的盈余状况、资金状况和财务信息等提供给投资者，从而股利分配对股票价格有一定影响。

（3）代理理论。该理论认为，股东作为企业的所有者，希望财富最大化，要求管理者尽最大的努力去实现权益资本满意值这一目标。企业的管理者通常考虑自己的利益，追求物质报酬和非物质待遇，追求较少的劳动时间和较低的劳动强度，避免工作中的风险，不愿为企业取得更高收益而付出较多的代价。

（4）税收效应理论。该理论认为，在考虑税负因素的情况下，资本利得的收入比股利收入更有利于实现企业价值最大化的目标，企业应采用低股利政策。

（二）股利政策

股利政策是指在法律允许的范围内，企业是否发放股利、发放多少股利以及何时发放股利的方针及政策。

1. 剩余股利政策

剩余股利政策就是根据一定的目标资本结构（最优资本结构），测算出投资所需权益资本，并将其先从盈余中留用，然后将剩余的盈余作为股利予以分配的股利政策。采用剩余股利政策，应按照以下四个步骤进行：

(1) 确定目标资本结构(最优资本结构)，在此资本结构下，综合资本成本将达到最低水平。

(2) 确立目标资本结构下投资所需的权益资本数额，计算公式如下：

$$\text{新投资所需的权益资本数额}=\text{新投资所需的资金总额}\times\text{目标权益比率}$$

(3) 将投资所需的权益资本数额从盈余中扣除。

(4) 将扣除投资所需盈余后的剩余盈余作为股利向股东分配，计算公式如下：

$$\text{发放股利总额}=\text{可用于分配普通股股利的税后净利润}-\text{新投资所需的权益资本数额}$$

剩余股利政策比较适合于新成立的、处于初创期的企业。

2. 固定股利政策

固定股利政策是将每年发放的股利固定在某一水平上并在较长的时期内保持不变，只有当企业认为未来盈余会显著地、不可逆转地增长时，才提高年度的股利发放额的一种股利政策。固定股利政策的理论基础是“一鸟在手”理论和“信号传递理论”。

固定股利政策比较适合于经营比较稳定或正处于成长期、信誉一般的企业。

3. 固定股利支付率政策

固定股利支付率政策是指企业确定一个固定的股利占盈余的比例，并且每年按这一固定比例支付股利给股东的一种股利政策。其计算公式如下：

$$\text{发放股利总额}=\text{当年可用于分配普通股股利的税收净利润}\times\text{固定股利支付率}$$
$$\text{当年留存收益额}=\text{当年可用于分配普通股股利的税收净利润}-\text{发放股利总额}$$

固定股利支付率政策适合于稳定发展的企业和财务状况处于较稳定阶段的企业。

4. 稳定增长股利政策

稳定增长股利政策是指在一定的时期内保持公司的每股股利额稳定增长的股利政策。采用这种股利政策的公司一般会随着公司盈利的增加，保持每股股利平稳地提高。稳定增长股利政策适合于处于成长或成熟阶段的公司，在公司的初创阶段或衰退阶段则不适合采用这种股利政策。

5. 低正常股利加额外股利政策

低正常股利加额外股利政策是介于固定股利政策和固定股利支付率政策之间的一种折中的股利政策。

低正常股利加额外股利政策适合于盈利经常波动的企业。

(三) 股利分配方案的确定

企业应该根据自身盈利状况以及投融资的需要，通过分析，权衡利弊，选择合理的股利分配政策，制订出适合企业具体特点的股利分配方案。

1. 选择股利政策

企业选择股利政策通常需要考虑以下几个因素：①企业所处的成长与发展阶段。②企业支付能力的稳定情况。③企业获利能力的稳定情况。④目前的投资机会。⑤投资者的态度。⑥企业的信誉状况。

2. 确定股利支付水平

股利支付水平通常用股利支付率来衡量。股利支付率是当年发放股利与当年净利润之比,或每股股利除以每股收益。股利支付率是股利政策的核心。确定股利支付率,首先要确定企业在满足未来发展所需的资本支出需求和营运资本需求后,还有多少现金可用于发放股利;其次考察企业所能获得的投资项目的收益水平。

是否对股东派发股利以及股利支付率高低,主要取决于企业对下列因素的权衡:①企业所处的成长阶段及目前的投资机会。②企业的再筹资能力及筹资成本。③企业的控制权结构。④顾客效应。⑤股利信号传递功能。⑥贷款协议以及法律限制。⑦通货膨胀因素等。

(四) 股利政策制定的程序

股利政策制定的程序包括:①测算公司未来剩余的现金流量。②确定目标股利支付率。③确定年度股利额。④确定股利分派日期。

(五) 股利政策的评价指标

投资者在购买股票进行投资时,通常会对公司的股利政策做出评价,用来评价公司股利政策的指标主要有两个:股利支付率和股利报酬率。

1. 股利支付率

股利支付率是公司年度现金股利总额与利润总额的比率,或者是公司年度每股股利与每股利润的比率。其计算公式为:

$$P_d = \frac{DPS}{EPS}$$

式中,P_d 表示股利支付率;DPS 表示年度每股股利;EPS 表示年度每股利润。

2. 股利报酬率

股利报酬率,也称股息收益率,在中国香港股票市场,也称周息率,是指公司年度每股股利与每股价格的比率。其计算公式为:

$$K_d = \frac{DPS}{P_0}$$

式中,K_d 表示股利报酬率;DPS 表示年度每股股利;P_0 表示每股价格。

四、股票分割与股票回购

(一) 股票分割

1. 股票分割的概念

股票分割(又称拆股),是指将高面额股票拆换为低面额股票的行为,例如,将 1 股面值为 2 元的股票拆换为 2 股面值为 1 元的股票。股票分割与股票股利的经济意义基本相同。通过分派股票股利,企业的所有者权益总额不变,但权益内部各项目的结构发生了变化。股票分割则不需通过账务系统,只需在报告系统中增加股份数量,既不改变所有者权益总额,也不改变所有者权益的结构。

2. 股票分割对公司的意义:①股票分割降低每股市价,使企业股票处于更低的价位,从而可以吸引更多的投资者购买公司的股票。②在投资者看来，股票分割往往是成长中企业的行为，所以宣布股票分割后容易给人一种“企业正处于发展之中”的印象，可以稳定股价，甚至会提高公司股票的价格。

3. 股票分割对股东的意义：①相对于股票分割前，股东更容易出售其手中的股票从中获得收益。②股票分割后，如果公司每股现金股利的下降幅度小于股票分割的幅度，则股东会从中获利。③由于信号传递作用，股票分割向社会传播了有利信息，以及降低了股价，能吸引更多投资者购买股票，反而导致股价的上升，从而使股东财富增加。

4. 股票分割与股票股利的比较

(1) 股票分割降低了股票面值，而发放股票股利不会改变股票面值。

(2) 会计处理不同。股票分割不会影响到资产负债表中股东权益各项目金额的变化，只是股票面值降低，股票股数增加，因而股本的金额不会变化，资本公积和留用利润的金额也不会变化。发放股票股利，公司应将股东权益中的留用利润的金额按照发放股票股利面值总数转为股本，因而股本的金额相应增加，而留用利润相应减少。

(二) 股票回购

1. 股票回购的概念

股票回购是指股份有限公司出资重新购回已发行在外股票的行为。企业在股票回购完成后可以将所回购的股票注销，也可以将回购的股票不注销而作为库藏股保留，但不参与每股收益的计算和股利分配。

2. 股票回购的动机

股票回购的动机包括：①作为股利政策的一部分。股票回购被认为是现金股利的一种替代方式，这时称股票回购为资本收益型的现金股利。②传递公司信息。在信息不对称的情况下，股票回购可能产生一种有利的信号传递作用。③反收购措施。股票回购将提高股票价格，减少流通在外的普通股，增加收购方的成本；另外流通在外的普通股股数少了，可以防止浮动股票落入竞争企业手中。④提高每股收益，降低筹资成本。⑤满足认股权的行使。⑥巩固内部人控制地位。⑦建立企业职工持股制度。

3. 影响股票回购的因素

影响股票回购的因素包括：①税收因素。②投资者对股票回购的反应。③股票回购对股票市场价值的影响。

4. 股票回购的方式

股票回购包括公开市场回购、要约回购及协议回购三种方式。

(1) 公开市场回购。

公开市场回购是指公司在股票的公开交易市场上以普通潜在投资者的身份，按照公司股票当前市场价格回购股票。

(2) 要约回购。

要约回购是指公司在特定期间向市场发出的，以高出股票当前市场价格的某一价格回购既定数量股票的约定。

(3) 协议回购。

协议回购是指公司以协议价格直接向一个或几个主要股东回购股票。协议价格一般低于当前的股票市场价格。

5．股票回购对公司的影响

股票回购对公司的影响包括：①提高每股收益，稳定股价。②提高资金的使用效率。③增强反收购能力，强化股权控制。

6．股票回购对股东的影响

股票回购对股东的影响包括：①公司流通在外的股份缩小，负债不变，股东权益资本减少，在公司经营状况不变的情况下，股东的内在价值增加，因而股价预期会上涨，使股东从中得到好处。②根据信号传递理论，股票回购往往预示着上市公司管理层认为公司股价被严重低估，其市场反应是带动股价的拉升，使股东获益。

第二部分 练 习 题

一、名词解释

1．股票股利

2．股权登记日

3．除息日

4．股利政策

5．剩余股利政策

6．固定股利政策

7．稳定增长股利政策

8．固定股利支付率政策

9．股票分割

10．股票回购

11．现金股利

12．股利宣告日

13．股利支付日

14．低正常股利加额外股利政策

二、单项选择题

1．如果公司拟为发行新股做准备，在这种情况下应采用（　　）。

A．现金股利　　B．股票股利　　C．股票分割　　D．股票回购

2．某企业需投资100万元，目前企业的负债率为40%，现有盈利130万元，如果采用剩余股利政策，则需支付股利为（　　）万元。

A．40　　B．52　　C．60　　D．70

3．能够体现利多多分、利少少分、无利不分原则的股利分配政策是（　　）。

A．固定或稳定增长的股利政策　　B．剩余股利政策

C．低正常股利加额外股利政策　　D．固定股利支付率政策

4. 在利润分配应遵循的原则中(　　)是正确处理投资者利益关系的关键。

A. 依法分配原则　　B. 兼顾各方面利益原则

C. 分配与积累并重原则　　D. 投资与收益对等原则

5. 下列各项中，在确定公司利润分配政策时应考虑的因素中，不属于股东因素的是(　　)。

A. 规避风险　　B. 稳定股利收入

C. 防止公司控制权旁落　　D. 公司未来的投资机会

6. (　　)的依据是股利无关论。

A. 剩余股利政策　　B. 固定股利政策

C. 固定股利支付率政策　　D. 低正常股利加额外股利政策

7. 下列各项中，关于库存股的论述中，正确的是(　　)。

A. 我国上市公司回购股票可以作为库存股

B. 库存股不能用于实施股权激励计划

C. 公司可以长期持有库存股

D. 库存股不能享有与正常的普通股相同的权利

8. 某公司 2019 年度净利润为 4 000 万元，预计 2020 年投资所需的资金为 2 000 万元，假设目标资本结构是负债资金占 60%，企业按照 15%的比例计提盈余公积金，公司采用剩余股利政策发放股利，则 2019 年度企业可向投资者支付的股利为(　　)万元。

A. 2 600　　B. 3 200　　C. 2 800　　D. 2 200

9. (　　)适用于经营比较稳定或正处于成长期、信誉一般的公司。

A. 剩余股利政策　　B. 固定股利政策

C. 固定股利支付率政策　　D. 低正常股利加额外股利政策

10. (　　)既可以在一定程度上维持股利的稳定性，又有利于企业的资本结构达到目标资本结构，使灵活性与稳定性较好结合。

A. 剩余股利政策　　B. 固定股利政策

C. 固定股利支付率政策　　D. 低正常股利加额外股利政策

11. 上市公司发放现金股利的原因不包括(　　)。

A. 投资者偏好　　B. 减少代理成本

C. 传递公司的未来信息　　D. 减少公司所得税负担

12. (　　)是领取股利的权利与股票相互分离的日期。

A. 股利宣告日　　B. 股权登记日

C. 除息日　　D. 股利支付日

13. 股票股利与股票分割的区别在于(　　)。

A. 股东的持股比例是否变化

B. 所有者权益总额是否变化

C. 所有者权益结构是否变化

D. 股东所持股票的市场价值总额是否变化

14. 股票回购的方式不包括(　　)。

A. 向股东标购　　B. 用普通股换回债券
C. 与少数大股东协商购买　　D. 在市场上直接购买

15. 下列各项中，能够增加普通股股票发行在外股数，但不改变公司资本结构的行为是(　　)。

A. 支付现金股利　　B. 增发普通股
C. 股票分割　　D. 股票回购

16. 如果上市公司以其应付票据作为股利支付给股东，则这种股利称为(　　)。

A. 现金股利　　B. 股票股利　　C. 财产股利　　D. 负债股利

17. "为充分保护投资者的利益，企业必须在有可供分配留存收益的情况下才进行收益分配"所体现的分配原则是(　　)。

A. 资本保全原则　　B. 利益兼顾原则
C. 依法理财原则　　D. 投资与收益对等原则

18. 公司的法定公积金应当从(　　)中提取。

A. 利润总额　　B. 税后净利润　　C. 营业利润　　D. 营业收入

19. 公司提取的公积金不能用于(　　)。

A. 弥补亏损　　B. 扩大生产经营
C. 增加注册资本　　D. 集体福利支出

20. (　　)是确定投资者是否有权领取本次股利的日期。

A. 股利宣布日　　B. 股权登记日　　C. 除息日　　D. 股利发放日

21. (　　)是一种投资优先的股利政策。

A. 剩余股利政策　　B. 固定股利政策
C. 固定股利支付率政策　　D. 低正常股利加额外股利政策

22. 下列各项中，关于股票分割的论述正确的是(　　)。

A. 股票分割可以增加股东财富
B. 股票分割不会使股票价格下降
C. 股票分割可使股票股数增加，但股票面值不变
D. 股票分割不会影响到资产负债表中股东权益各项金额的变化

23. 厌恶风险的投资者偏好确定的股利收益，不愿将收益存在公司内部去承担未来的投资风险，因此公司采用高现金股利政策有利于提升公司价值，这种观点的理论依据是(　　)。

A. 代理理论　　B. 税收效应理论
C. 信号传递理论　　D. "一鸟在手"理论

24. 下列各项中，属于固定股利支付率政策的优点是(　　)。

A. 股利与公司盈余紧密地配合　　B. 有利于树立公司的良好形象
C. 股利分配有较大灵活性　　D. 有利于稳定公司的股价

25. 要获得收取股利的权利，投资者购买股票的最迟日期是(　　)。

A. 股利宣告日　　B. 股利发放日
C. 除息日　　D. 股权登记日

26. 股票回购对上市公司的影响是(　　)。

A. 有利于保护债权人利益　　B. 分散控股股东的控制权
C. 有利于降低公司财务风险　　D. 降低资产流动性
27. 下列各项中,受企业股票分割影响的是(　　)。
A. 每股股票价值　　B. 股东权益总额
C. 企业资本结构　　D. 股东持股比例
28. 某股利分配理论认为,由于对资本利得收益征收的税率低于对股利收益征收的税率,企业应采用低股利政策。该股利分配理由是(　　)。
A. 代理理论　　B. 信号传递理论
C. "一鸟在手"理论　　D. 税收效应理论
29. 长江公司没有优先股,2019 年实现净利润 200 万元,发行在外的普通股加权平均数为 100 万股,年末每股市价 20 元,该公司实行固定股利支付政策,2018 年每股发放股利 0.4 元,该公司净利润增长率为 10%。则下列说法中,不正确的是(　　)。
A. 2019 年每股收益为 2 元　　B. 2019 年每股股利为 0.44 元
C. 2019 年每股股利为 0.4 元　　D. 2019 年年末公司市盈率为 10
30. 公司采用固定股利政策或稳定增长股利政策发放股利的好处主要表现在(　　)。
A. 降低资本成本　　B. 维持股价稳定
C. 提高支付能力　　D. 实现资本保全

三、多项选择题

1. 如果公司认为目前本公司的股票市价较高,想要降低公司的股票价格,可以采用的方式有(　　)。
A. 发放股票股利　　B. 发放现金股利
C. 进行股票分割　　D. 回购股票
2. 可以改变企业财务结构的方式有(　　)。
A. 现金股利　　B. 股票股利　　C. 财产股利　　D. 股票分割
3. 股票回购对公司所产生的影响有(　　)。
A. 每股盈余不变　　B. 股价不变
C. 流通在外的股数减少　　D. 公司库存股份增加
4. 在确定利润分配政策时须考虑股东因素,其中主张限制股利是出于(　　)。
A. 稳定收入考虑　　B. 避税考虑
C. 控制权考虑　　D. 规避风险考虑
5. 固定股利支付率政策的优点包括(　　)。
A. 使股利与企业盈余紧密结合　　B. 体现投资风险与收益的对等
C. 有利于稳定股票价格　　D. 缺乏财务弹性
6. 企业选择股利政策类型时通常需要考虑的因素包括(　　)。
A. 企业所处的成长与发展阶段　　B. 股票的价格
C. 目前的投资机会　　D. 企业的信誉状况
7. 下列关于股票股利的说法中,正确的有(　　)。

A. 发放股票股利便于今后配股融通更多的资金和刺激股价
B. 发放股票股利不会引起所有者权益总额的变化
C. 发放股票股利会引起所有者权益内部结构的变化
D. 发放股票股利没有改变股东的持股比例,但是改变了股东所持股票的市场价值总额
8. 下列各项中,属于企业进行收益分配应遵循的原则有(　　)。
A. 依法分配原则　　B. 资本保全原则
C. 分配与积累并重原则　　D. 投资与收益对等原则
9. 公司提取的公积金可以用于(　　)。
A. 弥补亏损　　B. 扩大生产经营
C. 转增公司股本　　D. 转增公司资本公积
10. 我国股份有限公司可以采取的股利形式包括(　　)。
A. 现金股利　　B. 股票股利　　C. 财产股利　　D. 负债股利
11. 影响股利政策的因素有(　　)。
A. 法律因素　　B. 债务契约因素
C. 公司自身因素　　D. 股东因素
12. 公司进行股票分割的主要动机是(　　)。
A. 通过股票分割降低股票价格　　B. 向投资者传递未来业绩增长的信号
C. 为以后发行新股筹资做准备　　D. 为股东增加财富
13. 公司进行股票回购的动机主要有(　　)。
A. 传递股价被低估的数据　　B. 为股东避税
C. 满足认股权的行使　　D. 预防或抵制敌意并购
14. 股票回购的主要方式有(　　)。
A. 公开市场回购　　B. 要约回购　　C. 协议回购　　D. 强制回购
15. 下列各项中,关于发放股票股利的表述,正确的有(　　)。
A. 不会导致公司现金流出　　B. 会增加公司流通在外的股票数量
C. 会改变公司股东权益的内部结构　　D. 会对公司股东权益总额产生影响
16. 下列各项股利政策中,股利水平与当期盈利直接关联的有(　　)。
A. 固定股利政策　　B. 稳定增长股利政策
C. 固定股利支付率政策　　D. 低正常股利加额外股利政策
17. 下列各项中,属于剩余股利政策优点的有(　　)。
A. 保持目标资本结构　　B. 降低再投资资本成本
C. 使股利与企业盈余紧密结合　　D. 实现企业价值的长期最大化
18. 下列各项中,属于盈余公积金用途的有(　　)。
A. 弥补亏损　　B. 转赠股本　　C. 扩大经营　　D. 分配股利
19. 从公司的角度看,制约股利分配的因素主要有(　　)。
A. 控制权的稀释　　B. 举债能力的强弱
C. 盈余的变化　　D. 潜在的投资机会
20. 采用低正常股利加额外股利政策的理由包括(　　)。

A. 向市场传递公司正常发展的信息
B. 使公司具有较大灵活性
C. 使依赖股利度日的股东有比较稳定的收入，从而吸引住这部分股东
D. 避免产生巨大的财务压力

四、判断题

1. 发放股票股利后，股东持有的股票数量增加，所以股东财富增加。（ ）
2. 公司的股利分配方案由股东大会决定，债权人不得干预。（ ）
3. 股票分割属于某种股利，其产生的效果与发放股票股利十分相近。（ ）
4. 资本积累约束要求企业发放的股利或投资分红不得来源于原始投资(或股本)，而只能来源于企业当期利润或留存收益。（ ）
5. 处于成长期的公司多采取多分少留的股利政策，而陷入经营收缩的公司多采取少分多留的股利政策。（ ）
6. 股利分配的税收效应理论认为股利政策不仅与股价相关，而且由于税负的影响，企业应采用高股利政策。（ ）
7. 股份有限公司利润分配的顺序是：提取法定盈余公积、提取任意盈余公积、弥补以前年度亏损、向投资者分配利润或股利。（ ）
8. 通常在除息日之前进行交易的股票，其价格高于在除息日后进行交易的股票价格。（ ）
9. 出于稳定收入考虑，股东最不赞成固定股利支付率政策。（ ）
10. 在公司的高速发展阶段，企业往往需要大量的资金，此时适合采用剩余股利政策。（ ）
11. 公司发生年度亏损可以在5年内用税前利润弥补。（ ）
12. 公司用公积金转增股本后，所留存的法定公积金不能低于转增前公司注册资本的25%。（ ）
13. 股份有限公司依法回购的股份，可以参与利润分配。（ ）
14. 投资者在除息日购入的股票无权领取本次股利。（ ）
15. 公司分派股票股利会增加现金流出量。（ ）
16. 投资者在宣告日以后购买股票就不会得到最近一次股利。（ ）
17. 投资者只有在除息日之前购买股票，才能领取最近一次股利。（ ）
18. 公司的现金流量会影响到股利的分配。（ ）
19. 采取剩余股利政策，首先要确定企业的最佳资本结构。（ ）
20. 采用剩余股利政策可以保证公司各年的股利水平比较均衡。（ ）
21. 固定股利政策可以向投资者传递公司经营状况稳定的信息。（ ）
22. 固定股利支付率政策可能会使各年股利波动较大。（ ）
23. 公司采用股票股利进行股利分配，会减少公司的股东权益。（ ）
24. 公司进行股票回购可以预防或抵制敌意并购。（ ）
25. 当公司处于经营稳定或成长期，对未来的盈利和支付能力可做出准确判断并具有

足够把握时，可以考虑采用稳定增长的股利政策，以增强投资者的信心。（　　）

26. 在股利支付程序中，除息日是指领取股利的权利与股票分离的日期，在除息日持有股票的股东有权参与当次股利的分配。（　　）

27. 由于信息不对称和预期差异，投资会把股票回购当作公司认为其股票价格被高估的信号。（　　）

28. 股票分割会使股票的每股市价下降，可以提高股票的流动性。（　　）

29. 只要企业有足够的现金就可以支付现金股利。（　　）

30. 股利分配的信号传递理论认为股利政策是协调股东与管理者之间代理关系的一种约束机制。（　　）

五、计算题

1. 海虹股份公司 2019 年的税后利润为 1 500 万元，确定的目标资本结构为：债务资本占 60%，股权资本占 40%。假设 2019 年该公司有较好的投资项目，需要投资 800 万元，该公司采取剩余股利政策。

要求：计算该公司应当如何筹资和分配股利。

2. 某公司 2020 年拟投资 2 000 万元引进一条生产线以扩大生产能力，该公司的目标资本结构为自有资金占 60%，借入资金占 40%。该公司 2019 年度的税后利润为 1 000 万元，继续执行固定股利政策，该年度应分配的股利为 300 万元。

要求：计算 2020 年度该公司为引进生产线需要从外部筹集资金的数额。

3. 某公司 2018 年的税后利润为 1 200 万元，分配的现金股利为 420 万元。2019 年的税后利润为 900 万元。预计 2020 该公司的投资计划需要资金 500 万元。该公司的目标资本结构为自有资金占 60%，债务资金占 40%。

要求：

(1) 如果采取剩余股利政策，计算该公司 2019 年应分配的现金股利额。

(2) 如果采用固定股利政策，计算该公司 2019 年应分配的现金股利额。

(3) 如果采用固定股利支付率政策，计算该公司 2019 年应分配的现金股利额。

(4) 如果采取低正常股利加额外股利政策，该公司 2018 年的现金股利为正常股利额，计算该公司 2019 年应分配的现金股利额。

4. 长江公司 2019 年末股东权益如表 8-1 所示。目前长江公司的股票价格为 60 元/股。

表 8-1　　长江公司 2019 年 12 月 31 日股东权益　　单位：万元

项目	金额
股本(面值 10 元，5 000 万股)	50 000
资本公积	34 000
盈余公积	36 000
未分配利润	35 000
股东权益合计	155 000

要求：在公司分别采用以下不同股利分配方案情况下，股东权益、股本数额会发生怎样

的变化？如果不考虑信号效应，股价会如何变化？

（1）每10股用资本公积转增2股、分派股票股利3股。

（2）公司决定采用现金股利分配方案，每股分配现金股利1.20元。

（3）为了增加股票的流动性，公司决定进行股票分割，1股普通股分割为2股。

六、案例分析题

分红与回购相关指标计算

长江公司是一家上市公司，有关资料如下：

资料一：2020年3月31日长江公司股票每股市价20元，每股收益1.5元。股东权益项目构成如下：普通股5 000万股，每股面值1元，计5 000万元；资本公积1 000万元；留存收益9 000万元。目前国债利息率为2%，市场组合平均收益率为10%。

资料二：2020年4月5日，长江公司公布的2019年度分红方案为：每10股送2股派发现金红利10元（含税），转增1股，即每股送0.2股派发现金红利1元（含税，送股和现金红利均按10%代扣代缴个人所得税），转增0.1股。股权登记日，2020年4月15日（注：该日收盘价为18元）；除权（除息）日，2020年4月16日；新增可流通股份上市流道日，2020年4月17日；享有本次股息分红的股东可于5月16日领取股息。

要求：

1. 若长江公司股票所含系统风险是市场组合的风险的0.8倍，结合资料一运用资本资产定价模型计算股票的资本成本。

2. 若股票股利按面值确定，结合资料二完成分红方案后的下列指标：

（1）普通股股数。

（2）股东权益各项目的数额。

（3）在除权（除息）日的该公司股票的除权参考价。

3. 假定2020年3月31日长江公司准备用现金按照每股市价20元回购1 000万股股票，且假设回购前后公司净利润与市盈率保持不变，结合资料一（不考虑资料二）计算下列指标：

（1）股票回购之后的每股收益。

（2）股票回购之后的每股市价。

第三部分 参考答案

一、名词解释

1. 股票股利

股票股利是指企业以股票形式发放的股利，即以股票作为股利的一种形式，按股东股份的比例发放。

2. 股权登记日

股权登记日是指有权领取股利的股东资格登记截止日期，只有在股权登记日这一天在企业股东名册上有名的股东，才有权分享股利。

3. 除息日

除息日是指领取股利的权利与股票相互分离的日期。

4. 股利政策

股利政策是指在法律允许的范围内,企业是否发放股利、发放多少股利以及何时发放股利的方针及政策。

5. 剩余股利政策

剩余股利政策是根据一定的目标资本结构(最优资本结构),测算出投资所需权益资本,并将其先从盈余中留用,然后将剩余的盈余作为股利予以分配。

6. 固定股利政策

固定股利政策是将每年发放的股利固定在某一水平上并在较长的时期内保持不变,只有当企业认为未来盈余会显著地、不可逆转地增长时,才提高年度的股利发放额。

7. 稳定增长股利政策

稳定增长股利政策是指企业在支付一定金额股利的基础上,确定一个目标增长率,依据企业盈利水平按目标增长率逐步提高股利支付水平,以抵消通货膨胀的不利影响。

8. 固定股利支付率政策

固定股利支付率政策是指企业确定一个固定的股利占盈余的比例,并且每年按这一固定比例支付股利给股东。

9. 股票分割

股票分割(又称拆股)是指将高面额股票拆换为低面额股票的行为。

10. 股票回购

股票回购是指股份有限公司出资重新购回已发行在外股票的行为。

11. 现金股利

现金股利是指股份制企业以现金的形式发放给股东的股利,这是最常见的股利支付方式。

12. 股利宣告日

股利宣告日是指企业董事会将股利支付情况予以公告的日期。

13. 股利支付日

股利支付日是指企业向股东支付股利的日期。

14. 低正常股利加额外股利政策

低正常股利加额外股利政策是介于固定股利政策和固定股利支付率政策之间的一种折中的股利政策。这种股利政策主张企业每年只支付固定数额的较低股利,在企业经营业绩非常好的年份,根据企业的经营状况确定额外的增长股利,除了按期支付给股东低正常股利外,再加付额外股利给股东。

二、单项选择题

1. C	2. D	3. D	4. D	5. D	6. A	7. D	8. B	9. B	10. D
11. D	12. C	13. C	14. B	15. C	16. D	17. A	18. B	19. D	20. B
21. A	22. D	23. D	24. A	25. D	26. D	27. A	28. D	29. B	30. B

重难点解析：

1. 如果股票价格过高，股票分割可以使股票价格降低到合理位置，吸引中小股东投资，为发行新股做准备。

2. 需支付股利＝130－100×(1－40％)＝70(万元)

3. 固定股利支付率政策是指企业确定一个固定的股利占盈余的比例，并且每年按这一固定比例支付股利给股东的一种股利政策。能够体现利多多分，利少少分，无利不分。

4. 投资与收益对等原则是要求企业向投资者分配利润是，必须做到谁投资谁受益，受益大小和投资比例相适应。投资与收益对等原则能够正确处理投资者利益关系。

5. 确定公司利润分配政策时应考虑的股东因素包括：控制权考虑、避税考虑、稳定收入考虑、规避风险考虑。选项D公司未来的投资机会属于企业因素。

6. 剩余股利政策的依据是股利无关论。固定股利政策、固定股利支付率政策、稳定增长股利政策、低正常股利加额外股利政策的依据是股利相关论。

7. 上市公司在股票回购完成后可以注销其股票，也可以进行转让，包括用于员工持股计划或者股权激励，以及采用集中竞价方式减持等。上市公司持有库存股期限不能超过3年。

8. 剩余股利政策是指公司在有良好的投资机会时，根据目标资本结构，测算出投资所需的权益资本额，先从盈余中留用，然后将剩余的盈余作为股利来分配，即净利润首先满足公司的资金需求，如果还有剩余，就派发股利；如果没有，则不派发股利。4 000－2 000×(1－60％)＝3 200(万元)。因此，2019年度企业可向投资者支付的股利为3 200万元。注意提取的盈余公积金已经包含在企业留下的800万元中，不必再单独考虑。

9. 固定股利政策适用于经营比较稳定或正处于成长期、信誉一般的企业。

11. 企业先交纳企业所得税，得到净利润，再分配股利。因此，如何分配股利，不影响企业所得税。

13. 股票股利使得股东权益内部结构发生变化，股票分割不影响所有者权益结构。

14. 股票回购包括公开市场回购、要约回购和协议回购三种方式。选项A向股东标购属于要约回购，选项C与少数大股东协商购买属于协议回购，选项D在市场上直接购买属于公开市场回购。

16. 负债股利是指企业通过向股东负债的形式来代替股利发放的一种形式。

19. 公积金不能用于集体福利支出。

26. 股票回购，企业货币资金减少，降低资产流动性，财务风险升高，不利于保护债权人利益。股票回购使得流通在外的普通股股数减少，保护控股股东的控制权。

28. 税收效应理论也叫所得税差异理论，该理论认为，资本利得收益比股利收益更有利于实现收益最大化目标，公司应当采用低股利政策。对资本利得收益征收的税率低于对股利收益征收的税率。再者，即使两者没有税率上的差异，由于投资者对资本利得收益的纳税时间选择更具弹性，投资者仍可以享受延迟纳税带来的收益差异。

29. 2019年每股收益＝200÷100＝2(元/股)，所以选项A正确。公司实行固定股利政策，2019年每股股利等于2018年每股股利，则2019年每股股利为0.4元，所以选项B不正确，选项C正确。市盈率＝每股市价÷每股收益＝20÷2＝10，所以选项D正确。

三、多项选择题

1. AC	2. ABC	3. CD	4. BC	5. AB
6. ACD	7. ABC	8. ABCD	9. ABC	10. AB
11. ABCD	12. ABC	13. ABCD	14. ABC	15. ABC
16. CD	17. ABD	18. ABC	19. BCD	20. ABCD

重难点解析：

1. 发放股票股利和进行股票分割都可以降低股票价格。

2. 股票分割不改变公司财务结构。

3. 股票回购使得流动在外的普通股股数减少，公司库存股增加。股价升高，每股盈余升高。

4. 出于控制权考虑，公司的股东往往主张限制股利的支付，以防止控制权旁落他人。一些高收入的股东出于避税考虑，往往要求限制股利的支付，以便从股价上涨中获利。为了获得稳定的收入，一些依靠定期股利生活的股东，往往要求企业支付稳定的股利，反对企业留存较多的利润。一些股东认为留存更多的留存收益引起股价上涨而获得的资本利得是有风险的，为了规避风险，他们往往要求支付较多的股利。

5. 固定股利支付率政策的优点包括：使股利与企业盈余紧密结合，体现投资风险与收益对等。固定股利支付率政策的缺点包括：不利于稳定股票价格；缺乏财务弹性。

7. 发放股票股利的优点包括：①可将现金留存公司用于追加投资，同时减少筹资费用。②股票变现能力强，易流通，股东乐于接受。③可传递公司未来经营绩效的信号，增强经营者对公司未来的信心。④便于今后配股融通更多资金和刺激股价。发放股票股利不会引起资产的流出和负债的增加，也不会引起所有者权益总额的变化，但是会引起所有者权益内部结构的变化。发放股票股利会因普通股股数的增加而引起每股利润的下降，每股市价有可能因此而下跌，但发放股票股利后股东所持有股份的比例并未改变，每位股东所持有股票的市场价值总额仍保持不变。

13. 股票分割不能直接为股东增加财富。如果股票分割向投资者传递未来业绩增长的信号，股票价格可能上涨，带来股东财富的增加，这不是股票分割的主要动机。

15. 股票股利使得股东权益内部结构发生变化，但不会对股东权益总额产生影响。

16. 固定股利政策与稳定增长股利政策不随当期利润的变化而变化。固定股利支付率政策随当期利润变化。当期利润的多少直接影响到低正常股利加额外股利政策的额外股利部分。

17. 股利与企业盈余紧密结合是固定股利支付率政策的优点。

18. 企业的盈余公积主要用于企业未来的经营发展，也可用于弥补亏损。用盈余公积弥补亏损应当由董事会提议，经股东大会或类似机构批准。转增资本（股本），当提取的盈余公积累积比较多时，企业可以将盈余公积转增资本（股本），必须经股东大会或类似机构批准，而且用盈余公积转增资本（股本）后，留存的盈余公积不得少于转增前注册资本的25%。盈余公积不得用于以后年度的利润分配。

19. 分配股利不会影响到原股东所持股份份额，选项A错误。如果分配现金股利，会影响到企业的流动性，影响了举债能力，减少了留存收益，选项BC正确。如果企业有较好投资机会，企业可能会考虑减少股利，将利润留存企业，进行投资。选项D正确。

四、判断题

1. ×	2. ×	3. ×	4. ×	5. ×	6. ×	7. ×	8. √	9. ×	10. ×
11. √	12. √	13. ×	14. √	15. ×	16. ×	17. √	18. √	19. √	20. ×
21. √	22. √	23. ×	24. √	25. √	26. ×	27. ×	28. √	29. ×	30. ×

重难点解析：

1. 发放股票股利，股东股票数量增加，但除权日，股票价格降低，股东财富没有因为发放股票股利而增加。

2. 本题考核股利分配时应考虑的因素。债权人可以在债务契约、租赁合同中加入关于借款公司股利政策的限制条款，来保证自身利益不受侵害。

3. 股票分割能够降低股票价格，但股票分割不属于股利支付方式。

4. 资本保全约束要求企业发放的股利或投资分红不得来源于原始投资(或股本)，而只能来源于企业当期利润或留存收益。资本积累约束要求企业在分配利润时，必须提取法定盈余公积，鼓励提取任意盈余公积。

6. 处于成长期公司，企业需要资金，往往采用少分多留股利政策，而陷入经营收缩的公司，不需要继续大量投入资金，往往采用多分少留股利政策。

7. 利润分配顺序：弥补以前年度亏损、提取法定盈余公积、提取任意盈余公积、向投资者分配利润或股利。

8. 通常在除息日之前进行交易的股票，其价格高于在除息日后进行交易的股票价格，其原因主要在于前种股票的价格包含应得的股利收入在内。

9. 本题考核的是对各种股利政策内容的掌握。一些股东往往靠定期的股利维持生活，因而他们要求公司能够支付稳定的股利，反对公司留存较多的利润。在采用固定股利支付率政策、固定股利政策或使用正常股利加额外股利政策情况下，绝对不会出现有盈利而不发放股利的情况。在采用剩余股利政策时，公司生产经营所获得的税后利润首先应较多地考虑满足公司有利可图的投资项目的需要，即增加资本或公积金，只有当增加的资本额达到预定的目标资本结构(最佳资本结构)后，如果有剩余，再派发股利。因此这意味着在剩余股利政策下，即使公司有盈利，也不一定会分配股利。

10. 在公司的高速发展阶段，企业往往需要大量的资金，此时公司适应于采用低正常股利政策。

13. 股份有限公司依法回购的股份，不可以参与利润分配。

15. 公司分派股票股利不会影响现金流。分派现金股利会增加现金流出量。

16. 投资者在股权登记日以后购买股票就不会得到最近一次股利。

20. 剩余股利政策不能保证各年股利均衡。

23. 公司采取股票股利进行股利分配，会改变股东权益内部结构，但股东权益总额不发生变化。

26. 只有在股权登记日这一天在企业股东名册上有名的股东，才有权分享股利。除息日当天交易持有股票的股东，不能参与档次股利的分配。除息日是股权登记日的下一个交易日。

29. 企业采用现金股利形式时，必须具备两个基本条件：公司要有足够的未指明用途的留存收益(未分配利润)以及公司要有足够的现金。

30. 代理理论认为股利政策有助于减缓管理者和股东之间,以及股东与债权人之间的代理冲突,也就是说,股利政策是协调股东与管理者之间代理关系的一种约束机制。

五、计算题

1. 解:

首先,按目标资本结构需要筹集的股权资本:

800×40%=320(万元)

其次,确定应分配的股利总额:

1 500－320=1 180(万元)

因此,海虹公司还应当筹集债务资本为:

800－320=480(万元)

2. 解:

2019年度公司留用利润=1 000－300=700(万元)

2020年度自有资金需要量=2 000×60%=1 200(万元)

2020年度外部资金筹集金额=1 200－700=500(万元)

3. 解:

(1) 2020年投资需要的自有资金为:

500×60%=300(万元)

如果采用剩余股利政策,2019年的现金股利额为:

900－300=600(万元)

(2) 如果采用固定股利政策,则2019年应分配的现金股利额为420万元。

(3) 如果采用固定股利支付率政策,则固定股利支付率为:

$$\frac{420}{1\ 200}\times 100\%=35\%$$

2019年的现金股利额为:

900×35%=315(万元)

(4) 如果采用低正常股利加额外股利政策,则2019年应分配的现金股利额为420万元。

4. 解:

(1) 资本公积$=34\ 000-50\ 000\times\frac{2}{10}=24\ 000$(万元)

未分配利润$=35\ 000-50\ 000\times\frac{3}{10}=20\ 000$(万元)

股本总额$=50\ 000+10\ 000+15\ 000=75\ 000$(万元)

股票股数$=\frac{75\ 000}{10}=7\ 500$(万股)

股东权益$=75\ 000+24\ 000+36\ 000+20\ 000=155\ 000$(万元)

股价$=60\times\frac{5\ 000}{7\ 500}=40$(元/股)

(2) 未分配利润＝35 000－1.2×5 000＝29 000(万元)

股东权益＝155 000－6 000＝149 000(万元)

股本总额＝50 000(万元)

股票股数＝5 000(万股)

股价＝60－1.2＝58.8(元/股)

(3) 股东权益＝155 000(万元)

股本总额＝50 000(万元)

股票股数＝5 000×2＝10 000(万股)

$$股价=60\times\frac{5\ 000}{10\ 000}=30(元/股)$$

$$股票面值=\frac{10}{2}=5(元/股)$$

六、案例分析题

1. 长江公司股票的β系数＝0.8

长江公司资本成本＝2%＋0.8×(10%－2%)＝8.4%

2. (1) 发放股票股利新增普通股股数＝5 000×20%＝1 000(万股)

资本公积转增股本新增普通股股数＝5 000×10%＝500(万股)

分配后的普通股总股数＝5 000＋1 000＋500＝6 500(万股)

(2) 股本＝6 500×1＝6 500(万元)

留存收益＝9 000－1 000×1－5 000×1＝3 000(万元)

资本公积＝1 000－500×1＝500(万元)

$$(3)\ 除权参考价=\frac{股权登记日收盘价-每股现金股利}{1+送股率+转股率}=\frac{18-1}{1+20\%+10\%}=13.08(元)$$

3. (1) 原有净利润＝原有股数×原有每股收益＝5 000×1.5＝7 500(万元)

回购后净利润＝7 500(万元)

$$回购后每股收益=\frac{净利润}{回购后股数}=\frac{7\ 500}{5\ 000-1\ 000}=1.88(元)$$

$$(2)\ 市盈率=\frac{回购前每股市价}{回购前每股收益}=\frac{20}{1.5}=13.33$$

回购后每股市价＝回购后每股收益×市盈率＝1.88×13.33＝25.06(元)

第九章　财务分析

第一部分　内容概要

一、财务分析的概念与内容

（一）财务报表及其作用

财务报表是综合反映一定时期财务状况和一定时期经营成果的文件，是财务会计报告的重要组成部分，是企业向外部传递会计信息的主要途径。

财务报表主要包括资产负债表、利润表、现金流量表、所有者权益变动表等及附注。

（二）财务分析的意义与作用

财务分析的意义与作用包括：①正确评价企业过去的经营业绩。②分析企业当前的财务状况和经营成果，揭示财务活动存在的问题。③预测企业未来发展趋势。

（三）财务分析的内容与一般步骤

财务分析的内容主要包括偿债能力分析、营运能力分析、盈利能力分析、发展能力分析四个方面。其步骤为：①明确分析目的。②收集有关信息。③根据分析目的，把整体的各个部分予以划分，使之适合需要。④通过计算、分析，深入研究各个部分的特殊本质以及各个部分间的联系。

（四）财务分析的方法

财务分析的方法主要包括比率分析法和比较分析法。

二、财务指标分析

（一）偿债能力分析

1. 短期偿债能力分析

（1）流动比率。流动比率是企业流动资产与流动负债的比率。其计算公式为：

$$流动比率=\frac{流动资产}{流动负债}$$

（2）速动比率。速动比率是企业速动资产与流动负债的比率。其计算公式为：

$$速动比率=\frac{速动资产}{流动负债}$$

（3）现金比率。现金比率是企业现金资产与流动负债的比率，它表明每 1 元流动负债由多少现金资产作为偿还保障。其计算公式为：

$$现金比率=\frac{货币资金+交易性金融资产}{流动负债}$$

2. 长期偿债能力分析

(1) 资产负债率。资产负债率是企业负债总额与资产总额的比率。其计算公式为:

$$资产负债率 = \frac{负债总额}{资产总额} \times 100\%$$

(2) 股东权益比率。股东权益比率是股东权益与资产总额的比率,该比率反映企业资产中有多少是所有者投入的。其计算公式为:

$$股东权益比率 = \frac{股东权益总额}{资产总额} \times 100\%$$

(3) 权益乘数。股东权益比率的倒数,称为权益乘数,即资产总额是股东权益的多少倍。其计算公式为:

$$权益乘数 = \frac{资产总额}{股东权益总额} \times 100\%$$

(4) 产权比率。产权比率又称资本负债率,是负债总额与所有者权益的比率。其计算公式为:

$$产权比率 = \frac{负债总额}{所有者权益总额} \times 100\%$$

(5) 利息保障倍数。利息保障倍数是指企业息税前利润与利息费用之比。其计算公式为:

$$利息保障倍数 = \frac{息税前利润}{利息费用}$$

(二) 营运能力分析

1. 流动资产周转情况分析

(1) 应收账款周转率。应收账款周转率(次数)是指一定时期内应收账款平均收回的次数。其计算公式为:

$$应收账款周转率 = \frac{营业收入}{平均应收账款余额}$$

(2) 存货周转率。存货周转率(次数)是指一定时期内企业销售成本与存货平均资金占用额的比率。其计算公式为:

$$存货周转率 = \frac{营业成本}{平均存货余额}$$

(3) 流动资产周转率。流动资产周转率是反映企业流动资产周转速度的指标。其计算公式为:

$$流动资产周转率 = \frac{营业收入}{平均流动资产}$$

2. 固定资产周转率

固定资产周转率是指企业年销售收入净额与固定资产平均净额的比率。其计算公式为：

$$固定资产周转率=\frac{营业收入}{平均固定资产净值}$$

3. 总资产周转率

总资产周转率是企业销售收入净额与企业资产平均总额的比率。其计算公式为：

$$总资产周转率=\frac{营业收入}{平均资产总额}$$

（三）盈利能力分析

1. 营业利润率

营业利润率是企业一定时期营业利润与营业收入的比率。其计算公式为：

$$营业利润率=\frac{营业利润}{营业收入}\times 100\%$$

营业利润率越高，表明企业的市场竞争力越强，发展潜力越大，从而获利能力越强。

2. 成本费用利润率

成本费用利润率是指企业一定时期利润总额与成本费用总额的比率，反映了企业所得与所耗的关系。其计算公式如下：

$$成本费用利润率=\frac{利润总额}{成本费用总额}\times 100\%$$

3. 总资产报酬率

总资产报酬率是企业息税前利润与企业资产平均总额的比率。其计算公式为：

$$总资产报酬率=\frac{息税前利润}{平均资产总额}\times 100\%$$

4. 股东权益报酬率

股东权益报酬率又称净资产收益率，是一定时期企业的净利润与平均股东权益总额的比率。它反映投入资本资金的收益水平，是企业获利能力的核心。其计算公式为：

$$股东权益报酬率=\frac{净利润}{平均股东权益}\times 100\%$$

5. 每股收益

每股收益也称每股利润或每股盈余，是公司普通股每股所获得的净利润。其计算公式为：

$$每股收益=\frac{归属于普通股股东的当期净利润}{发行在外的普通股加权平均数}$$

6. 每股股利

每股股利是上市公司本年发放的普通股股利总额与年末普通股股份总数的比值。其计算公式为：

$$每股股利=\frac{普通股股利总额}{年末普通股股数}$$

7. 每股净资产

每股净资产，又称每股账面价值，是指企业净资产与发行在外的普通股股数之间的比率。其计算公式为：

$$每股净资产=\frac{股东权益总额}{发行在外的普通股股数}$$

8. 市盈率

市盈率是股票每股市价与每股收益的比率。其计算公式为：

$$市盈率=\frac{每股市价}{每股收益}$$

9. 市净率

市净率是每股市价与每股净资产的比率，是投资者用以衡量、分析个股是否具有投资价值的工具之一。其计算公式为：

$$市净率=\frac{每股市价}{每股净资产}$$

(四) 发展能力分析

1. 营业增长率

营业增长率是企业本年营业收入增长额与上年营业收入总额的比率。它反映企业营业收入的增减变动情况，是评价企业成长状况和发展能力的重要指标。其计算公式为：

$$营业增长率=\frac{本年营业收入增长额}{上年营业收入总额}\times 100\%$$

2. 利润增长率

利润增长率是指企业本年利润总额增长额与上年利润总额的比率，它反映企业本期利润的增长情况。其计算公式为：

$$利润增长率=\frac{本年营业利润增长额}{上年营业利润总额}\times 100\%$$

3. 总资产增长率

总资产增长率是指企业本年总资产增长额与年初资产总额的比率，它反映企业本期资产规模的增长情况。其计算公式为：

$$总资产增长率=\frac{本年总资产增长额}{年初资产总额}\times 100\%$$

4. 资本积累率

资本积累率是企业本年所有者权益增长额与年初所有者权益的比率。其计算公式为：

$$资本积累率=\frac{本年所有者权益增长额}{年初所有者权益}\times 100\%$$

上述四项财务比率分别从不同的角度反映了企业的发展能力。

三、财务综合分析

（一）杜邦分析法

1．杜邦分析法的概念和特点

杜邦分析法是利用各主要财务比率指标间的内在联系，对企业财务状况及经济效益进行综合系统分析和评价的方法，该体系是以净资产收益率为龙头，以总资产报酬率和权益乘数为核心，重点揭示企业获利能力及其前因后果的。

2．杜邦分析法原理

杜邦分析法各主要指标之间的关系如下：

$$\text{股东权益报酬率}=\frac{\text{净利润}}{\text{股东权益}}=\text{销售净利率}\times\text{总资产周转率}\times\text{权益乘数}$$

3．杜邦分析模型

（二）沃尔评分法

1．沃尔评分法的概念

沃尔评分法的基本原理是将选定的具有代表性的财务指标与行业平均值（或标准值）进行比较，以确定公司各项指标占标准值的比重，并结合标准分值来确定公司实际得分值。

2．沃尔评分法应用的程序

沃尔评分法应用的程序包括：①正确选择评价指标中的财务比率，这些指标包括偿债能力、营运能力和盈利能力3类。②根据各财务比率的重要程度，确定财务指标的标准评分值，各项财务比率的标准评分值之和应等于100分。③确定评价指标中各财务比率评分值的上限和下限。④确定各项财务比率的标准值。⑤计算企业各项财务比率的实际值。⑥计算出各项财务比率实际值与标准值的比率，即相对比率。⑦计算出各项财务比率的实际得分。

如果综合得分接近100分，说明企业财务状况良好，符合或高于行业平均水平。如果综合得分远低于100分，说明企业财务状况存在问题，财务能力较差。如果综合得分远远高于100分，说明企业财务状况较为理想。

第二部分　练　习　题

一、名词解释

1．比率分析法

2．比较分析法

3．速动比率

4．权益乘数

5．利息保障倍数

6．应收账款周转率

7. 总资产周转率

8. 市盈率

9. 杜邦分析法

二、单项选择题

1. 企业的财务报告不包括(　　)。

A. 现金流量表　B. 资产负债表　C. 利润表　D. 预算表

2. 下列各项中,财务比率反映企业短期偿债能力的是(　　)。

A. 现金流量比率　B. 资产负债率　C. 偿债保障比率　D. 利息保障倍数

3. 下列各项中,财务比率反映企业营运能力的是(　　)。

A. 资产负债率　B. 流动比率　C. 存货周转率　D. 资产报酬率

4. 如果流动比率大于1,则下列结论成立的是(　　)。

A. 速动比率大于1　B. 现金比率大于1

C. 营运资本大于0　D. 短期偿债有绝对保障

5. 运用资产负债表可计算的比率是(　　)。

A. 应收账款周转率　B. 总资产报酬率　C. 已获利息倍数　D. 现金比率

6. 与资产负债率指标之和等于1的指标是(　　)。

A. 权益乘数　B. 股东权益比率　C. 产权比率　D. 资产长期负债率

7. 某企业2019年主营业务收入净额为36 000万元,流动资产平均余额为4 000万元,固定资产平均余额为8 000万元。假定没有其他资产,则该企业2019年的总资产周转率为(　　)次。

A. 3.0　B. 3.4　C. 2.9　D. 3.2

8. 企业的应收账款周转率高,说明(　　)。

A. 企业的信用政策比较宽松　B. 企业的盈利能力比较强

C. 企业的应收账款周转速度较快　D. 企业的坏账损失较多

9. 影响速动比率可信性的最主要因素是(　　)。

A. 存货的变现能力　B. 短期证券的变现能力

C. 产品的变现能力　D. 应收账款的变现能力

10. 某公司年末会计报表上部分数据为:流动负债为60万元,流动比率为2,速动比率为1.2,销售成本为100万元,年初存货为52万元,则本年度存货周转次数为(　　)次。

A. 1.65　B. 2　C. 2.30　D. 1.45

11. 股东权益报酬率是杜邦分析体系中综合性最强、最具有代表性的指标,通过杜邦分析体系分析可知,提高股东权益报酬率的途径不包括(　　)。

A. 加强销售管理,提高销售净利率　B. 加强资产管理,提高总资产周转率

C. 加强负债管理,降低资产负债率　D. 加强负债管理,提高产权比率

12. 产权比率与权益乘数的关系是(　　)。

A. 产权比率×权益乘数=1

B. 权益乘数=1÷(1-产权比率)

C. 权益乘数＝(1＋产权比率)÷产权比率

D. 权益乘数＝1＋产权比率

13. 不影响股东权益报酬率的指标包括(　　)。

A. 总资产周转率　B. 销售净利率　C. 资产负债率　D. 流动比率

14. 某企业年初资产总额为100万元，年末资产总额为140万元，净利润为24万元，所得税为9万元，利息支出为6万元，则总资产报酬率为(　　)。

A. 27.5%　B. 20%　C. 32.5%　D. 30%

15. 某企业去年的销售净利率为5.5%，资产周转率为2.5；今年的销售净利率为4.5%，资产周转率为2.4。若两年的资产负债率相同，则今年的股东权益报酬率与去年相比的变化趋势为(　　)。

A. 下降　B. 不变　C. 上升　D. 难以确定

16. 在下列财务比率中，既能反映企业资产综合利用的效果，又能衡量债权人权益和所有者权益的报酬情况的是(　　)。

A. 销售利润率　B. 总资产报酬率　C. 产权比率　D. 利息保障倍数

17. 将积压的存货转为损失，将会(　　)。

A. 降低速动比率　B. 增加营运资金

C. 降低流动比率　D. 降低流动比率，也降低速动比率

18. (　　)指标是一个综合性最强的财务比率，也是杜邦系统的核心。

A. 总资产净利率　B. 股东权益报酬率　C. 资产周转率　D. 权益乘数

19. 杜邦分析法主要用于(　　)。

A. 偿债能力分析　B. 营运能力分析

C. 盈利能力分析　D. 财务状况综合分析

20. 在杜邦财务分析体系中，权益乘数(　　)。

A. 只表示企业负债程度，与计算股东权益净利率无关

B. 不表示企业负债程度，与计算股东权益净利率无关

C. 既表示企业负债程度，又与计算股东权益净利率有关

D. 不表示企业负债程度，与计算股东权益净利率有关

三、多项选择题

1. 财务分析既是对已完成的财务活动的总结，又是财务预测的前提，在财务管理的循环中起着承上启下的作用。下列各项中，属于财务分析的目的有(　　)。

A. 对企业当前财务运作进行调整和控制

B. 可以提供解决问题的现成方法

C. 对企业过去的财务状况和经营成果进行总结性分析和评价

D. 预测未来企业财务运作的方向及其影响

2. 应收账款周转率高表明(　　)。

A. 收账迅速，账龄较短　B. 资产流动性强，短期偿债能力强

C. 库存现金增加　D. 可以减少收账费用和坏账损失

3. 下列各项中，反映流动资产周转情况的指标有（　　）。

A. 应收账款周转率　　B. 应收账款周转天数

C. 流动资产周转率　　D. 存货周转天数

4. 财务综合分析的方法主要有（　　）。

A. 杜邦财务分析法　　B. 沃尔比重评分法

C. 趋势分析法　　D. 因素分析法

5. 影响股东权益报酬率的因素有（　　）。

A. 销售净利率　　B. 权益乘数　　C. 总资产周转率　　D. 资产负债率

6. 对企业进行财务分析的主要目的有（　　）。

A. 评价企业的偿债能力　　B. 评价企业的营运能力

C. 评价企业的盈利能力　　D. 评价企业的发展能力

7. 财务分析按其分析方法的不同，可以分为（　　）。

A. 比率分析法　　B. 比较分析法　　C. 内部分析法　　D. 趋势分析法

8. 在下列财务比率中，可以反映企业短期偿债能力的有（　　）。

A. 现金比率　　B. 资产负债率　　C. 速动比率　　D. 现金流量比率

9. 在下列经济业务中，会影响流动比率的有（　　）。

A. 销售产成品　　B. 偿还应付账款

C. 用银行存款购买固定资产　　D. 用固定资产对外进行长期投资

10. 杜邦分析系统主要反映的财务比率关系有（　　）。

A. 股东权益报酬率与资产报酬率及权益乘数之间的关系

B. 资产报酬率与销售净利率及总资产周转率之间的关系

C. 销售净利率与净利润及销售收入之间的关系

D. 总资产周转率与销售收入及资产总额之间的关系

四、判断题

1. 一般来说，流动资产扣除存货后的资产称为速动资产。（　　）

2. 资产负债率是反映企业短期偿债能力的指标。（　　）

3. 速动比率较流动比率更能反映流动负债偿还的安全性，如果速动比率较低，则企业的流动负债到期绝对不能偿还。（　　）

4. 市盈率越高说明投资者对企业的发展前景越看好，投资者更愿意以较高的价格购买公司股票。（　　）

5. 产权比率侧重于揭示企业财务结构的稳健程度以及自有资金对偿债风险的承受能力。（　　）

6. 某公司今年与上年相比，销售收入增长10%，净利润增长8%，资产总额增加12%，负债总额增加9%。可以判断，该公司净资产收益率比上年上升了。（　　）

7. 产权比率越高，表明企业的长期偿债能力越强，债权人承担的风险越小。（　　）

8. 在总资产净利率不变的情况下，资产负债率越高，净资产收益率越高。（　　）

9. 流动比率越高，表明企业的偿债能力越强，经营管理水平越高。（　　）

10. 现金比率越大越好。 （ ）

11. 存货周转次数越多，表明企业的经营状况越好。 （ ）

12. 比率分析法是指利用财务报表中性质相同的指标进行对比分析。 （ ）

13. 企业的应收账款周转率越大，说明发生坏账损失的可能性越大。 （ ）

14. 通过杜邦分析系统可以分析企业的资本结构是否合理。 （ ）

15. 权益乘数的高低取决于企业的资本结构，资产负债率越高，权益乘数越高，财务风险越大。 （ ）

五、计算题

1. 某企业2019年的销售收入为20万元，毛利率为40%，赊销比例为80%，销售净利润率为16%，存货周转率为5次，期初存货余额为2万元，期初应收账款余额为4.8万元，期末应收账款余额为1.6万元，速动比率为1.6，流动比率为2，流动资产占资产总额的28%，该企业期初资产总额为30万元。该公司期末无待处理流动资产损失。

要求：

(1) 计算应收账款周转率。

(2) 计算总资产周转率。

(3) 计算资产净利率。

2. 某企业年销售额(全部赊销)为50万元，毛利率为20%，流动资产为10万元，流动负债为8万元，存货为4万元，现金为0.5万元(1年按360天计算)。

要求：

(1) 计算该企业的流动比率、速动比率和现金比率。

(2) 如果该企业要求存货年周转次数达16次，计算企业年平均存货持有量应为多少。

(3) 如果该企业要求应收账款平均持有量为4万元，计算应收账款周转天数应为多少天。

3. A公司2019年度销售收入为840万元，净利润为117.6万元。2019年年末的资产负债表如表9-1所示。

表9-1 **资产负债表**

2019年12月31日 单位:万元

资产	期末余额	年初余额	负债和所有者权益	期末余额	年初余额
流动资产			流动负债	300	450
货币资金	90	100	非流动负债	400	250
应收账款	180	120	负债合计	700	700
存货	360	230	所有者权益	700	700
流动资产合计	630	450	所有者权益合计	700	700
固定资产	770	950			
非流动资产合计	770	950			
资产总计	1 400	1 400	负债和所有者权益总计	1 400	1 400

A公司2018年度销售净利率为16%，总资产周转率为0.5次，权益乘数为2.2，净资产收益率为17.6%。

要求：

(1) 计算2019年年末速动比率、资产负债率和权益乘数。

(2) 计算2019年总资产周转率、销售净利率和净资产收益率。

(3) 利用因素分析法分析销售净利率、总资产周转率和权益乘数变动对净资产收益率的影响。

4. 某公司相关资料如表9-2所示。

表9-2 **某公司相关财务数据表** 单位：万元

项目	上年	本年
平均总资产	46 780	49 120
平均净资产	25 729	25 051
营业收入	37 424	40 278
净利润	3 473	3 557

要求：请根据以上资料分别计算净资产收益率、营业利润率、总资产周转率以及权益乘数，并利用连环替代法对净资产收益率变动原因进行分析。

六、案例分析题

方大特钢或成A股最慷慨公司

方大特钢科技股份有限公司(以下简称"方大特钢")，是南昌钢铁有限责任公司主要的子企业。在岗员工近8 000人，各类专业技术人员1 100余人。方大特钢科技股份有限公司是具有炼焦、炼铁、炼钢、轧钢全流程生产工艺和配套设施，拥有弹簧扁钢和汽车零件产品特色优势的钢铁联合企业。

方大特钢2019年2月21日披露年报，公司2018年实现营业收入172.86亿元，同比增长23.96%；净利润29.27亿元，同比增长15.26%。基本每股收益2.08元。公司拟每10股派发现金红利17元，共计派发现金红利24.65亿元，方大特钢近五年现金分红情况如表9-3所示。

表9-3 **方大特钢近五年现金分红情况** 金额单位：亿元

项目	2014年	2015年	2016年	2017年	2018年	合计
现金分红	10.61	0.32	3.34	21.22	24.65	60.14
归属于上市公司股东净利润	5.69	1.06	6.66	25.40	29.27	68.08
派息率	186%	30%	50%	84%	84%	88%
经营活动产生的现金流量净额	8.33	7.07	13.45	25.54	35.73	90.12
投资活动产生的现金流量净额	0.25	−0.61	−0.12	−6.39	3.41	−3.46
自由现金流	8.58	6.46	13.33	19.15	39.14	86.66
现金分红/自由现金流	124%	5%	25%	111%	63%	69%

（续表）

项目	2014 年	2015 年	2016 年	2017 年	2018 年	合计
购买理财产品净流出现金				5.50	−5.50	0.00
定期存款净增加额						0.00
吸收投资收到的现金					6.68	6.68
调整后自由现金流	8.58	6.46	13.33	24.65	40.32	93.34
现金分红/调整后自由现金流	124%	5%	25%	86%	61%	64%
资产负债率	65.51%	75.63%	65.46%	39.99%	29.96%	

方大特钢给人的印象是“豪气”，有报道称，“2019 年 1 月 19 日，方大特钢就因 3.12 亿现金墙在网上火了一把，成为‘别人家的公司’。当天，方大特钢并没有直接将年终奖打入员工工资卡内，而是举办了一场发奖仪式。符合条件的员工每人奖励 6 万元；符合条件的退休员工每人奖励 5 000 元红包。”令人赞赏的是方大特钢不仅对员工慷慨，对股东也是颇为大方，2018 年将盈利的 84%作为股息派发给股东。公司于 2019 年 2 月 22 日发布 2018 年报，以前一个交易日的收盘价 12.46 亿元计算，其股息收益率高达 13.64%。

资料来源：孙旭东.方大特钢 2018 年度利润分配预案点评[J].证券市场周刊，2019(17).

分析讨论：方大特钢是否有足够的业绩支撑“豪气”？公司的财务安全是否有保障？方大特钢是否给未来发展留下了足够的资金？

第三部分 参考答案

一、名词解释

1. 比率分析法

比率分析法是将企业同一时期的财务报表中的相关项目进行对比，得出一系列财务比率，以此来揭示企业财务状况的分析方法。

2. 比较分析法

比较分析法是将同一企业不同时期的财务状况或不同企业之间的财务状况进行比较，从而揭示企业财务状况中所存在差异的分析方法。

3. 速动比率

速动比率是企业速动资产与流动负债的比率。

4. 权益乘数

股东权益比率的倒数，称为权益乘数，即资产总额是股东权益的多少倍。

5. 利息保障倍数

利息保障倍数是指企业息税前利润与利息费用之比，又称已获利息倍数，用以衡量偿付借款利息的能力。

6. 应收账款周转率

应收账款周转率（次数）是指一定时期内应收账款平均收回的次数，是一定时期内商品或产品销售收入净额与应收账款平均余额的比值。

7. 总资产周转率

总资产周转率是指企业销售收入与企业资产平均总额的比率。

8. 市盈率

市盈率是指股票每股市价与每股收益的比率。

9. 杜邦分析法

杜邦分析法是利用各主要财务比率指标间的内在联系，对企业状况及经济效益进行综合系统的分析和评价的方法，这种分析方法是由美国杜邦公司最早创造的，故称杜邦分析法。

二、单项选择题

1. D	2. A	3. C	4. C	5. D	6. B	7. A	8. C	9. D	10. B
11. C	12. D	13. D	14. C	15. A	16. B	17. C	18. B	19. D	20. C

重难点解析：

1. 企业的财务报告中所包含的财务报表包括现金流量表、资产负债表、利润表及所有者权益变动表。

2. 现金流量比率是反映短期偿债能力的指标，而其余指标则是反映长期偿债能力指标。

3. 选项AB反映的是偿债能力，而选项D反映的是盈利能力，只有选项C反映的是营运能力。

4. 流动比率大于1说明流动资产大于流动负债，只能反映出营运资本大于0，因为营运资本等于流动资产减去流动负债。

5. 选项D参照资产负债表，其他选项还需要结合利润表进行计算。

7. 若计算总资产周转率则需要找出营业收入及资产总额，根据题意，营业收入为36 000万元，资产总额则需要用流动资产加上固定资产为12 000(4 000+8 000)万元，所以答案为选项A。

8. 应收账款周转率高，说明该企业信用政策管理比较严格，收账速度快，坏账损失较小。

10. 若计算存货周转率，就需要分别找出营业成本和平均存货，题目中已知销售成本100万元，只需再计算出存货的平均余额即可。在本题中，年初存货为52万元，只需要计算年末存货即可。若需要求年末存货，则可根据流动比率和速动比率分别计算出流动资产和速动资产，其二者差值则为存货为48万元，根据公式计算本年度存货周转次数为2。

13. 股东权益报酬率是总资产周转率、销售净利率和资产负债率的乘积，三者均可影响股东权益报酬率，因此只有短期偿债能力指标流动比率不直接影响股东权益报酬率。

14. 根据总资产报酬率公式计算即可。

15. 股东权益报酬率是总资产周转率、销售净利率及资产负债率的乘积，题目中资产负债率不变，因此只考虑销售净利率和资产周转率的变化即可，因此此题选A。

19. 杜邦分析法是一种综合分析方法，可以综合考量题目中的ABC三个选项。

三、多项选择题

1. ACD	2. ABD	3. ABCD	4. AB	5. ABC
6. ABCD	7. AB	8. ACD	9. ABC	10. ABCD

重难点解析：

1. 财务分析是对企业过去的财务状况和经营成果进行分析和评价，找出企业存在的问题，并可预测其未来的方向，但是并不能为企业提供解决问题的方法。

2. 应收账款周转率高，即周转次数多，说明企业应收账款管理比较严格，坏账损失较少，收账迅速，流动资产流动性强，间接说明其短期偿债能力强。

4. 综合分析方法只有选项AB，趋势分析法和因素分析法只是进行财务分析的一种方法。

5. 股东权益报酬率是总资产周转率、销售净利率及资产负债率的乘积，三者均可影响股东权益报酬率。

6. 企业进行财务分析主要是从偿债能力、营运能力、盈利能力以及发展能力四个方面进行分析与评价，因此所有选项均正确。

8. 现金比率、速动比率以及现金流量比率是短期偿债能力指标，而资产负债率是长期偿债能力指标。

10. 杜邦分析体系的核心指标是股东权益报酬率，而股东权益报酬率是总资产周转率、销售净利率及资产负债率的乘积，因此，杜邦分析体系可反映两两之间的关系。

四、判断题

1. ×	2. ×	3. ×	4. ×	5. √	6. ×	7. ×	8. √	9. ×	10. ×
11. √	12. ×	13. ×	14. √	15. √					

重难点解析：

1. 速动资产是指扣除存货等变现能力差的资产。

2. 资产负债率是反映企业长期偿债能力的指标。

3. 如果企业速动比率较低，会影响企业短期偿债能力，并不代表企业不能偿还流动负债。

4. 市盈率越高就说明企业未来成长的潜力越大，同时也意味着风险越高。

6. 净资产收益率与销售净利率、总资产周转率以及资产负债率相关联，而题目中只显示具体资产的增长额，没有统一计算标准没有办法判断是否上升。

7. 产权比率越高，说明负债总额相对较多，偿债风险较大。

9. 流动比率只是短期偿债能力的基本指标，并不能反映经营管理水平。

10. 现金比率既非纯正指标，又非纯逆指标，所以现金比率应根据企业所处行业适宜即可。

12. 比率分析法是同一时期的财务报表中的相关项目进行对比。

13. 应收账款周转率越大，说明企业周转快，坏账损失相对较小。

五、计算题

1. 解：

(1) 计算应收账款周转率：

营业收入＝销售收入×赊销比例＝20×80%＝16(万元)

$$应收账款周转率(周转次数)=\frac{营业收入}{平均应收账款余额}=\frac{16}{(4.8+1.6)\div 2}=\frac{16}{3.2}=5(次)$$

(2) 计算总资产周转率：

$$存货周转率(周转次数)=\frac{营业成本}{平均存货余额}=\frac{营业成本}{(期初存货余额+期末存货余额)\div 2}$$

$$期末存货余额=\frac{2\times 营业成本}{存货周转率}-期末存货余额=\frac{2\times 20\times(1-40\%)}{5}-2=2.8(万元)$$

$$速动比率=\frac{流动资产-存货}{流动负债}=\frac{流动资产-2.8}{流动负债}=1.6 \qquad (1)$$

$$流动比率=\frac{流动资产}{流动负债}=2 \qquad (2)$$

由(1)(2)两式解得：

流动资产＝14(万元)

流动负债＝7(万元)

$$期末资产总额=\frac{14}{28\%}=50(万元)$$

$$总资产周转率(周转次数)=\frac{营业收入}{平均资产总额}=\frac{20}{(30+50)\div 2}=0.5(次)$$

(3) 计算资产净利率：

净利润＝销售收入×销售净利润＝20×16%＝3.2(万元)

$$资产净利率=\frac{净利润}{资产平均总额}=\frac{3.2}{(30+50)\div 2}=8\%$$

2. 解：

$$(1)\ 流动比率=\frac{流动资产}{流动负债}=\frac{100\ 000}{80\ 000}=1.25$$

$$速动比率=\frac{速动资产}{流动负债}=\frac{(100\ 000-40\ 000)}{80\ 000}=0.75$$

$$现金比率=\frac{货币资金+交易性金融资产}{流动负债}=\frac{5\ 000}{80\ 000}=0.0625$$

(2) 毛利额＝销售收入×毛利率＝100 000(元)

销售成本＝500 000－100 000＝400 000(元)

$$平均存货=\frac{400\ 000}{16}=25\ 000(元)$$

$$(3)\ 应收账款周转天数=\frac{平均应收账款余额\times 360}{营业收入}=\frac{40\ 000\times 360}{500\ 000}=28.8(天)$$

3. 解：

$$(1)\ 速动比率=\frac{速动资产}{流动负债}=\frac{630-360}{300}=0.9$$

$$资产负债率=\frac{负债总额}{资产总额}=\frac{700}{1\ 400}=50\%$$

$$权益乘数=\frac{资产总额}{股东权益总额}=\frac{1}{1-0.5}=2$$

$$(2)\ 总资产周转率=\frac{营业收入}{平均资产总额}=\frac{840}{(1\ 400+1\ 400)\div 2}=0.6(次)$$

$$销售净利率=\frac{净利润}{销售收入}\times 100\%=\frac{117.6}{840}\times 100\%=14\%$$

$$净资产收益率=\frac{净利润}{平均净资产}\times 100\%=\frac{117.6}{700}\times 100\%=16.8\%$$

(3) 销售净利率变动影响＝(14%－16%)×0.5×2.2＝－2.2%

总资产周转率变动影响＝14%×(0.6－0.5)×2.2＝3.08%

权益乘数变动影响＝14%×0.6×(2－2.2)＝－1.68%

4. 解：

上年基本指标计算：

$$净资产收益率=\frac{3\ 473}{25\ 729}\times 100\%=13.50\%$$

$$营业利润率=\frac{3\ 473}{37\ 424}\times 100\%=9.28\%$$

$$总资产周转率=\frac{3\ 7424}{46\ 780}=0.8(次)$$

$$权益乘数=\frac{46\ 780}{25\ 729}=1.82$$

本年指标计算：

$$净资产收益率=\frac{3\ 557}{25\ 051}\times 100\%=14.20\%$$

$$营业利润率=\frac{3\ 557}{40\ 278}\times 100\%=8.83\%$$

$$总资产周转率=\frac{40\ 278}{49\ 120}=0.82(次)$$

$$权益乘数=\frac{49\ 120}{25\ 051}=1.96$$

净资产收益率变化：

14.20％－13.50％＝0.7％

(1) 营业利润率变动对净资产收益率的影响：

(8.83％－9.28％)×0.80×1.82＝－0.66％

(2) 总资产周转率变动对净资产收益率的影响：

8.83％×(0.82－0.80)×1.82＝0.32％

(3) 权益乘数变动对净资产收益率的影响：

8.83％×0.82×(1.96－1.82)＝1.01％

各因素影响合计＝－0.66％＋0.32％＋1.01％＝0.67％

从上述计算中，可以看出上年公司净资产收益率为13.50％，本年上升到14.20％，上升幅度较大(上升了0.70％)。观察得到营业利润率、总资产周转率以及权益乘数变动均对净资产收益产生影响。营业利润率降低了0.45％(9.28％－8.83％)，使净资产收益率降低了0.66％，总资产周转率提速了0.02(0.82－0.80)，使净资产收益率提高了0.32％，权益乘数上升了0.14(1.96－1.82)使净资产收益率升高1.01％，由此可以看出，权益乘数的变动对净资产收益率的影响最大，甚至高过其他两个指标对其的影响程度，由数据可以看出，权益乘数的变动主要是因为本年净资产减少，平均总资产增加，从而导致股东权益在总资产中的比重有所下降，进而导致权益乘数上升，影响净资产收益率。

六、案例分析

三个问题的答案是肯定的。

第一，2018年方大特钢实现归属于上市公司股东的净利润29.27亿元，加权净资产收益率高达57.67％，虽然方大特钢经营业绩具有周期性，但与那些另类高分红的公司相比，其盈利能力强大且稳定。在过去的十年中，方大特钢年年盈利，加权净资产收益率最低也有3.46％。因此，可以认为其高分红有足够的业绩支撑。

第二，2018年年末，方大特钢的资产负债率只有29.96％。假设公司2018年度24.65亿元的股息已于那时派发，其资产负债率也不过40.28％。考虑到公司盈利能力支持，除非未来有大的资本支出而大举借贷，否则不会陷入财务困境。

第三，方大特钢未来会有大的资本支出吗？很难。公司年报中“2018年钢铁去产能深入推进，国内钢铁行业提前完成了5年化解过剩产能1亿至1.5亿吨上限目标，市场环境明显改善，企业效益明显好转。”尝到了去产能甜头的钢铁行业，大概很难再像过去一样拼命上产能。更何况，即便在完成了去产能目标后，2018年中国大陆粗钢产量仍然高达9.28亿吨，名列全球第一，是第二名(印度)产量的8.72倍。这样的产能水平应该是够用了。

从案例中我们可以发现，公司绩效直接影响所有者权益，并且与所有者权益项目有着密切关联，股利决策的合理与否直接影响公司净资产规模，也影响公司未来的价值创造。

第十章　财务战略

第一部分　内容概要

一、财务战略概述

(一) 财务战略的特征

财务战略具有从属性、系统性、指导性及复杂性等特征。

(二) 财务战略的选择

企业财务战略的选择，决定着企业财务资源配置的取向和模式，影响着企业理财活动的行为与效率。负债、收益、分配不同，财务战略有着不同的选择。

1. 企业财务战略类型

企业的财务战略具体包含扩张型财务战略、稳健型财务战略及防御型收缩财务战略三种类型。

2. 财务战略选择要求

财务战略选择要求包括：①财务战略的选择必须与经济周期相适应。②财务战略选择必须与企业发展阶段相适应。③财务战略选择必须与企业经济增长方式相适应。

(三) 财务战略的制定与实施

1. 财务战略的制定程序

第一步，制定财务战略首先要对财务战略环境进行分析。

第二步，要分析企业自身的财务能力，并结合企业整体战略的要求，编制、设计具体财务战略方案。

第三步，通过对各战略方案的评价，选出适合企业发展的最佳方案。

2. 财务战略的实施与控制

在进行具体的战略控制时，要遵循以下原则：①优先原则。对财务战略中重大问题优先安排，重点解决。②自控原则。战略实施的控制要以责任单位与人员自我控制为主，这有利于发挥其主动性与创造性。③灵活性原则。尽量采用经济有效的方法迅速解决实施中出现的问题。④适时适度原则。要善于分析问题，及时反馈信息，及时发现并解决问题。实施过程中努力确保各项工作同步进行，进度差别不大，从而利于内部协调。

二、企业外部环境分析

(一) 宏观环境分析

宏观环境因素可以概括为政治和法律因素(Political Factors)、经济因素(Economical Factors)、社会文化因素(Social Factors)以及技术因素(Technological Factors)，由于这四个因素的英文首字母组合起来是“PEST”，所以宏观环境分析也被称为“PEST”分析。

1. 政治和法律因素

政治和法律因素是指那些制约和影响企业的政治要素和法律系统，以及其运行状态。政治环境包括国家的政治制度、权力机构、颁布的方针政策、政治团体和政治形势等。法律环境包括国家制定的法律、法规、法令以及国家的执法机构等。政治和法律环境是保障企业生产经营活动的基本条件。

2. 经济因素

经济因素是指构成企业生存和发展的社会经济状况及国家的经济政策，包括社会经济结构、经济发展水平、经济体制、宏观经济政策、当前经济状况和其他一般经济条件等要素。

3. 社会和文化因素

社会和文化因素是指企业所处的社会结构、社会风俗和习惯、信仰和价值观念、行为规范、生活方式、文化传统、人口规模与地理分布等因素的形成和变动。

4. 技术因素

技术因素是指企业所处环境中的科技要素及与该要素直接相关的各种社会现象的集合，包括国家科技体制、科技政策、科技水平和科技发展趋势等。

（二）产业环境分析

波特在《竞争战略》一书中指出："形成竞争战略的实质就是将一个公司与其环境建立联系。尽管相关环境的范围广阔，包括社会的因素，也包括经济的因素，但公司环境的最关键部分就是公司投入竞争的一个或几个产业。"波特采用了一种关于产业的常用定义："一个产业是由一群生产相似替代品的公司组成的。"

1. 产品生命周期

波特认为，预测产业演变过程的鼻祖是我们熟知的产品生命周期。关于生命周期只适用于个别产品还是适用于整个产业存在着争论，这里概括了认为适用于产业的观点。产业要经过 4 个阶段：导入期、成长期、成熟期和衰退期。这些阶段是以产业销售额增长率曲线的拐点划分的。

2. 产业五种竞争力

波特在《竞争战略》一书中，从产业组织理论的角度，提出了产业结构分析的基本框架——五种竞争力分析。波特认为，在每一个产业中都存在五种基本竞争力量，即潜在进入者、替代品、购买者、供应者与现有竞争者，在一个产业中，这五种力量共同决定产业竞争的强度以及产业利润率，最强的一种或几种力量占据着统治地位，并且从战略形成角度来看起着关键性作用。

（1）潜在进入者的进入威胁。利润是对投资者的一个信号，并能够经常导致潜在进入者的进入。潜在进入者将在两个方面减少现有企业的利润：第一，进入者会瓜分原有的市场份额，获得一些业务；第二，进入者减少了市场集中，从而激发现有企业间的竞争，减少价格——成本差。对于一个产业来说，进入的威胁在于呈现的进入障碍与准备进入者可能遇到的现有企业的反击。它们统称为"进入障碍"，前者称为"结构性障碍"，后者称为"行为性障碍"。

（2）替代品的替代威胁。研究替代品的替代威胁，首先需要澄清"产品替代"的两种类型：一类是直接产品替代，另一类是间接产品替代。

(3) 供应者、购买者讨价还价的能力。五种竞争力模型的水平方向是对产业价值链的描述，它反映的是产品(或服务)从获取原材料开始到最终产品的分配和销售的过程，公司战略分析的一个中心问题就是如何组织纵向链条。产业价值链描述了厂商之间为生产最终交易的产品或服务，所经过的价值增值的活动过程。

(4) 产业内现有企业的竞争。产业内现有企业的竞争是指一个产业内的企业为市场占有率而进行的竞争。产业内现有企业的竞争是通常意义上的竞争，这种竞争通常是以价格竞争、广告战、产品引进以及增加对消费者的服务等方式表现出来的。

三、企业内部环境分析

(一) 企业资源与能力分析

1. 企业资源分析

企业资源分析的目的在于识别企业的资源状况、企业资源方面所表现出来的优势和劣势以及对未来战略目标制定和实施的影响。企业资源是指企业所拥有或控制的有效因素的总和，包括资产、生产或其他作业程序技能和知识等。按照竞争优势的资源基础理论，企业的资源是其获得持续竞争优势的重要基础。

企业资源主要分为三种：有形资源、无形资源和人力资源。决定企业竞争优势的企业资源判断标准在分析一个企业拥有的资源时，必须知道哪些资源是有价值的，是可以使企业获得竞争优势的，其主要的判断标准包括：①资源的稀缺性。②资源的不可模仿性。③资源的不可替代性。④资源的持久性。

2. 企业能力分析

企业能力是企业配置资源、发挥其生产和竞争作用的能力。企业能力来源于企业有形资源、无形资源和人力资源的整合，是企业各种资源有机组合的结果，企业能力主要由研发能力、生产管理能力、营销能力、财务能力和组织管理能力等组成。

3. 企业的核心能力

核心能力的概念打破了以往企业的管理人员把企业看成是各项业务组合的思考模式，重新认识到企业是一种能力的组合，核心能力是企业中有价值的资源，它可以使企业获得竞争优势，并且不会随着使用而递减。

(1) 核心能力的概念。核心能力是指企业在具有重要竞争意义的经营活动中能够比其竞争对手做得更好的能力，企业的核心能力可以是完成某项活动所需的优秀技能，也可以是在一定范围内和一定深度上的企业技术诀窍，或者是那些能够形成很大竞争价值的一系列具体生产技能的组合。

(2) 核心能力的辨别。根据核心能力的概念，企业的能力应同时满足以下三个关键测试才可称为核心能力。这三个关键测试为：①它对顾客是否有价值。②它与企业竞争对手相比是否有优势。③它是否很难被模仿或复制。

2. 业务组合分析

公司战略能力分析的另一个重要部分就是对公司进行业务组合分析，保证业务组合的优化是公司战略管理的主要责任，波士顿矩阵与通用矩阵分析就是公司业务组合分析的主要方法。

(1) 波士顿矩阵。

波士顿矩阵又称市场增长率相对市场份额矩阵,决定产品结构的基本因素有两个:市场引力与企业实力。市场引力包括市场增长率、目标市场容量、竞争对手强弱及利润高低等。其中最主要的是反映市场引力的综合指标——市场增长率,这是决定企业产品结构是否合理的外在因素。企业实力包括企业市场占有率以及技术、设备、资金利用能力等,其中市场占有率是决定企业产品结构的内在要素,它直接显示出企业的竞争实力。

根据有关业务或产品的市场增长率和企业相对市场占有率标准,波士顿矩阵可以把企业全部的经营业务定位在四个区域中,分别为:

高增长——强竞争地位的"明星"业务。

高增长——弱竞争地位的"问题"业务。

低增长——强竞争地位的"现金牛"业务。

低增长——弱竞争地位的"瘦狗"业务。

波士顿矩阵充分了解了四种业务的特点后还需进一步明确各项业务在公司中的不同地位,从而进一步明确其战略目标。通常有发展、保持、收割、放弃四种策略目标分别适用于不同的业务。

波士顿矩阵的局限主要体现为以下几点:首先,在现实管理中,企业要确定各业务的市场增长率和相对市场占有率是比较困难的。其次,波士顿矩阵过于简单,它用市场增长率和相对市场占有率两个单一指标分别代表产业的吸引力和企业的竞争地位,不能全面反映这两方面的状况。再次,波士顿矩阵事实上暗含了一个假设:企业的市场份额与投资回报是成正比的,但在有些情况下这种假设可能是不成立或不全面的,一些市场占有率小的企业如果实施创新、差异化和市场细分等战略,仍能获得很高的利润。最后,波士顿矩阵在具体运用中有很多困难。例如,正确的应用组合计划会对企业的不同部分产生不同的影响和要求,这对许多管理人员来说是一个重要的文化变革,而这一文化变革的过程往往非常艰巨。

(2) 通用矩阵。

通用矩阵又称行业吸引力矩阵,是美国通用电气公司设计的一种投资组合分析方法。

通用矩阵改进了波士顿矩阵过于简化的不足。首先,在两个坐标轴上都增加了中间等级。其次,其纵轴用多个指标反映产业吸引力,横轴用多个指标反映企业竞争地位。通用矩阵不仅适用于波士顿矩阵所能适用的范围,而且适用于不同需求、生命周期曲线的各个阶段以及不同的竞争环境。9 个区域的划分,更好地说明了企业中处于不同地位的经营业务的状态。

评价产业吸引力的大致步骤是:首先,根据每个因素的相对重要程度,定出各自的权数。其次,根据产业状况定出产业吸引力因素的级数。最后,用权数乘以级数,得出每个因素的加权数,并将各个因素的加权数汇总,即为整个产业吸引力的加权值。

通用矩阵虽然改进了波士顿矩阵过于简化的不足,但是也因此带来了自身的不足。第一,用综合指标来测算产业吸引力和企业的竞争地位,这些指标在一个产业或一个企业的表现可能会不一致,评价结果也会由于指标分配的不准确而带来偏差。第二,划分较细,对于多元化业务类型较多的大公司必要性不大,且需要更多数据,方法比较繁杂。

四、SWOT 分析

(一) 基本原理

SWOT 分析是一种综合考虑企业内部条件和外部环境的各种因素，进行系统评价，从而选择最佳经营战略的方法。这里，“S”是指企业内部的优势(Strengths)，“W”是指企业内部的劣势(Weaknesses)，“O”是指企业外部环境的机会(Opportunities)，“T”是指企业外部环境的威胁(Threats)。

企业内部的优势和劣势是相对于竞争对手而言的，一般表现在企业的资金、技术设备、员工素质、产品、市场、管理技能等方面。企业外部环境的机会是指环境中对企业有利的因素。企业外部环境的威胁是指环境中对企业不利的因素。

(二) SWOT 分析的应用

SWOT 分析根据企业的目标列出对企业生产经营活动及发展有着重大影响的内部及外部因素，并且根据所确定的标准对这些因素进行评价，从中判定企业的优势与劣势、机会和威胁。

第一类型的企业具有很好的内部优势以及众多的外部机会，应当采取增长型战略，如开发市场、增加产量等。第二类型的企业面临着巨大的外部机会，却受到内部劣势的限制，应采用扭转型战略，充分利用环境带来的机会，设法清除劣势。第三类型的企业内部存在劣势，外部面临强大威胁，应采用防御型战略，进行业务调整设法避开威胁和消除劣势。第四类型的企业具有一定的内部优势，但外部环境存在威胁，应采取多元化战略，利用自己的优势，在多样化经营上寻找长期发展的机会或进一步增强自身竞争优势，以对抗来自竞争对手的威胁。

第二部分 练 习 题

一、名词解释

1. 企业财务战略
2. 宏观环境分析
3. 五力分析
4. 核心能力
5. 问题业务
6. 现金牛业务
7. 瘦狗业务
8. SWOT 分析法

二、单项选择题

1. 下列各项中，不属于经济因素的是(　　)。

A. 社会流动性　　B. 社会经济结构　　C. 社会经济体制　　D. 当前经济状况

2. (　　)的标志是产品销量节节攀升，产品的销售群体已经扩大。

A. 导入期　　B. 成长期　　C. 成熟期　　D. 衰退期

3. 下列各项中，不属于企业的主要资源的是（　　）。

A. 有形资源　　B. 财务资源　　C. 无形资源　　D. 人力资源

4.（　　）认为，决定产品结构的基本因素有两个：市场引力与企业实力。

A. 波士顿矩阵　　B. 通用矩阵　　C. SWOT 矩阵　　D. 五力模型

5.（　　）战略主要是为了获得短期收益，目标是在短期内尽可能地得到最大限度的现金收入。

A. 发展　　B. 保持　　C. 收割　　D. 放弃

6.（　　）战略的目标在于清理和撤销某些业务，减轻负担，以便将有限的资源用于效益较高的业务。

A. 发展　　B. 保持　　C. 收割　　D. 放弃

7.（　　）战略主要是保持投资现状，目标是维持业务现有的市场占有率。

A. 发展　　B. 保持　　C. 收割　　D. 放弃

8. SWOT 中的“O”指的是（　　）。

A. 内部优势　　B. 内部劣势　　C. 外部机会　　D. 外部威胁

9. SWOT 中的“T”指的是（　　）。

A. 内部优势　　B. 内部劣势　　C. 外部机会　　D. 外部威胁

10. SWOT 中的“S”指的是（　　）。

A. 内部优势　　B. 内部劣势　　C. 外部机会　　D. 外部威胁

11. 商界有句名言“女人和孩子的钱好赚”。从战略分析角度来看，该说法主要分析的因素是（　　）。

A. 人口因素　　B. 价值观　　C. 生活方式变化　　D. 消费心理

12. 根据波士顿矩阵理论，当某企业的所有产品均处于高市场增长率时，下列各项中，关于该企业产品所属类别的判断中，正确的是（　　）。

A. 明星产品和金牛产品　　B. 明星产品和问号产品

C. 瘦狗产品和金牛产品　　D. 金牛产品和问号产品

13. 根据通用矩阵理论，当某企业的特定业务竞争地位比较强，产业吸引力处于中等时，应该采取的对策是（　　）。

A. 增长与发展战略　　B. 停止

C. 转移　　D. 维持

14.（　　）属于技术因素。

A. 社会经济结构　　B. 生活方式　　C. 科技政策　　D. 行为规范

15. 决定企业竞争优势的企业资源判断标准在分析一个企业拥有的资源时，必须知道哪些资源是有价值的，是可以使企业获得竞争优势的，其主要的判断标准不包括（　　）。

A. 资源的稀缺性　　B. 资源的不可模仿性

C. 资源的可利用性　　D. 资源的持久性

三、多项选择题

1. 甲公司为国内上市的电信公司。甲公司正在研究收购某发展中国家的乙移动通信公司。下列各项因素中，属于甲公司在 PEST 分析中应当考虑的有（　　）。

A. 甲公司收购乙移动通信公司符合其总体公司战略

B. 乙移动通信公司所在国政府历来对企业实施高税收政策

C. 甲公司在国内提供电信服务积累的经验与技术有助于管理乙移动通信公司的业务

D. 乙移动通信公司所在国的电信行业 10 年来发展迅速，移动通信业务过去 10 年增长了 300 倍

2. 按照波特的五力模型，下列各项因素中，可能对某家航空公司获取行业竞争优势产生不利影响的有（　　）。

A. 进入航空业需要大量的资本投入

B. 航空产业的行业增长率开始处于下降趋势

C. 由于廉价航空公司兴起，使得机票价格大幅降低

D. 由于许多大型国际企业采用视频会议管理跨国业务，使得商务航空服务需求降低

3. 下列各项中，关于企业资源的表述中，正确的有（　　）。

A. 企业文化和组织经验属于企业的人力资源

B. 员工向企业提供的技能、知识以及推理和决策能力属于企业的无形资源

C. 企业的无形资源一般难以被竞争对手了解、购买、模仿或替代

D. 企业的有形资源列示在资产负债表的账面价值不能完全代表其战略价值

4. 甲公司是国内一家印刷机制造企业，主要产品是胶印机。为了开发"印后设备"（即折页装订、模切、包装等设备），该公司进行了 SWOT 分析。在以下表述中，符合该公司 SWOT 分析要求的是（　　）。

A. 甲公司产品在国内具有较高的品牌知名度和完善的销售渠道，但在短期内印后设备研发能力不足，甲公司寻求一家有印后研发能力的企业进行战略合作。此战略为 WT 战略

B. 甲公司产品在国内具有较高的品牌知名度和完善的销售渠道，国家政策鼓励优势企业进行产品和技术开发进入市场需求旺盛的印后设备领域。甲公司决定借政策东风，迅速进入印后设备领域。此战略为 SO 战略

C. 由于甲公司短期内印后设备研发能力不足，国外印后设备制造商实力强大，因此，甲公司决定与一家国外印后设备制造商进行战略合作。此战略为 ST 战略

D. 由于甲公司短期内印后设备研发能力不足，面对国内对印后设备日益强劲的市场需求，甲公司寻求一家有印后研发能力的企业进行战略合作。此战略为 WO 战略

5. 企业财务战略选择要求包括（　　）。

A. 财务战略的选择必须与企业资本结构相适应

B. 财务战略的选择必须与经济周期相适应

C. 财务战略的选择必须与企业发展阶段相适应

D. 财务战略的选择必须与企业经济增长方式相适应

四、判断题

1. 企业财务战略具有从属性、系统性、具体性及复杂性等特征。　　（　　）

2. 财务战略的制定与实施，只需考虑企业内外环境外即可。（　）

3. 资源的稀缺性是判断企业竞争优势的唯一标准。（　）

4. 企业的能力主要包括研发能力、生产管理能力、营销能力、财务能力以及组织管理能力。（　）

5. 考察企业功能是识别企业核心竞争力常用的方法。（　）

6. 波士顿矩阵的横轴表示市场增长率，纵轴表示企业在产业中的相对市场占有率。（　）

7. 通用矩阵又称相对市场份额矩阵，是美国通用电气公司设计的一种投资组合的分析方法。（　）

8. SWOT 分析中的“多元化战略”是结合企业自身优势和企业外部环境的机会得到的发展战略。（　）

9. 企业具有很好的内部优势以及众多的外部机会，应当采取增长型战略。（　）

10. 核心能力是企业中有价值的资源，它可以使企业获得竞争优势，并且不会随着使用而递减。（　）

五、案例分析题

宝洁公司波士顿矩阵分析

宝洁公司(简称“P&G”)，是一家美国消费日用品生产商，也是目前全球最大的日用品公司之一。其总部位于美国俄亥俄州辛辛那提市，全球员工近 110 000 人。2008 年，宝洁公司是世界上市值第六大的公司和世界上利润第十四大的公司。它同时是财富 500 强中第十大最受赞誉的公司，在全球 80 多个国家设有工厂及分公司，经营的 300 多个品牌的产品畅销 160 多个国家和地区。其产品包括洗发、护发、护肤用品，化妆品，婴儿护理产品，医药，食品，饮料，织物及家居护理。1987 年，自从宝洁公司登陆中国市场以来，在日用消费品市场可谓是所向披靡，一往无前，仅用了十余年时间，就成为中国日化市场的第一品牌。在中国，宝洁旗下共有六大洗发水品牌，二十多个系列，包括飘柔、潘婷、海飞丝、沙宣、润妍、伊卡璐等洗发、护发用品品牌。宝洁公司的企业文化由企业愿景、企业精神、企业使命共同构成。其企业愿景是亲近和美化人的生活，企业精神是创新、团队，企业使命是提供名化产品，真正改变客户的日常生活。

分析讨论：请联系实际情况运用波士顿矩阵对保洁公司产品进行分析。

第三部分　参考答案

一、名词解释

1. 企业财务战略

企业财务战略是指一定时期内，根据宏观经济发展状况和公司发展战略，对财务活动的发展目标、方向和道路，从总体上做出的一种客观而科学的概括和描述。

2. 宏观环境分析

宏观环境因素可以分为政治和法律因素、经济因素、社会文化因素以及技术因素，由于这四个因素首字母组合起来是PEST，所以宏观环境分析又称"PEST"分析法。

3. 五力分析

在每一个产业中都存在五种基本竞争力量，即潜在进入者、替代品、购买者、供应者与现有竞争者，在一个产业中，五种力量共同决定产业竞争的强度以及产业利润率，最强的一种或几种力量占据着统治地位。

4. 核心能力

核心能力是企业中有价值的资源，它可以使企业获得竞争优势，并且不会随着使用而递减。

5. 问题业务

高增长、弱竞争的问题业务，这类业务通常处于最差的现金流量状态，一方面市场增长率很高，另一方面市场占有率很低。

6. 现金牛业务

低增长、强竞争的现金牛业务，这类业务处于成熟的低速增长的市场中，市场地位有力，盈利率高，本身不需要投资，反而能为企业提供大量资金，用以支持其他业务的发展。

7. 瘦狗业务

低增长、弱竞争的瘦狗业务，这类业务处于饱和的市场中，竞争激烈，可获利润很低，不能成为企业资金的来源。

8. SWOT分析法

SWOT分析法是一种综合考虑企业内部条件（企业内部的优势与劣势）和外部环境（企业外部环境的机会与威胁）的各种因素，进行系统评价，从而选择最佳经营战略的方法。

二、单项选择题

1. A	2. B	3. B	4. A	5. C	6. D	7. B	8. C	9. D	10. A
11. D	12. B	13. A	14. C	15. C					

重难点解析：

1. 社会流动性不属于经济因素，属于社会和文化因素，而其他三个选项则属于经济因素。

2. 成长期的标志是产品销量节节攀升，产品的销售群体已经扩大，而此时对产品质量的要求并不高。

3. 企业的资源包括有形资源、无形资源和人力资源三部分。

4. 波士顿矩阵两个基本因素为市场引力与企业实力，通用矩阵的两个基本因素为产业吸引力与企业竞争地位。

5. 收割战略主要是为了获得短期收益，目标是在短期内尽可能地得到最大限度的现金收入。对处境不佳的"现金牛"业务及没有发展前途的"问题"业务和"瘦狗"业务应视具体情况采取这种战略。

6. 放弃战略的目标在于清理和撤销某些业务，减轻负担，以便将有限的资源用于效益较高的业务，这种目标适用于无利可图的“问题”业务和“瘦狗”业务。一个公司必须对其业务加以调整，以使其投资组合趋于合理。

7. 战略保持主要是指投资维持现状，目标是保持业务现有的市场占有率。对于较大的“现金牛”业务可以此为目标，以使它们产生更多的收益。

8. SWOT 分析是一种综合考虑企业内部条件和外部环境的各种因素，进行系统评价，从而选择最佳经营战略的方法。“S”是指企业内部的优势(Strengths)，“W”是指企业内部的劣势(Weaknesses)，“O”是指企业外部环境的机会(Opportunities)，“T”是指企业外部环境的威胁(Threats)。

11. 本题考核社会和文化环境因素。女人和孩子的钱好赚，反映的是消费心理。

12. 市场增长率高的时候，相应产品类型为明星产品和问号产品。

13. 竞争地位比较强，产业吸引力处于中等时是处于左上方三个方格的业务，最适于采取增长与发展战略，企业应优先分配资源。

15. 判断标准除选项 ABD 之外，还有一个便是资源的不可替代性。

三、多项选择题

1. BD	2. BCD	3. CD	4. BD	5. BCD

重难点解析：

1. 选项 AC 属于企业的内部环境分析，PEST 分析的前提是分析企业的外部环境，因此选项 AC 应该首先被排除。则本题只能选择选项 BD。

2. 选项 A 进入航空业需要大量的资本投入，可以有效抵御潜在的新进入者威胁，因此会产生有利影响。选项 B 航空产业的行业增长率开始处于下降趋势，意味着行业增长速度变慢，业内竞争会日趋激烈，不利于该公司获得行业竞争优势。选项 C 廉价航空公司兴起，使得机票价格大幅降低，选项 D 替代品的出现造成需求下降都会使得业内竞争激烈，不利于该公司竞争优势的形成。

3. 选项 A 企业文化和组织经验属于企业的无形资源，选项 B 员工向企业提供的技能、知识以及推理和决策能力属于企业的人力资源。

4. 甲公司产品在国内具有较高的品牌知名度和完善的销售渠道，此为优势，在短期内印后设备研发能力不足，表明存在劣势，但选项 A 并未表明该公司面临外部环境的威胁，所以不能判定其属于 WT 战略，选项 A 错误。甲公司短期内印后设备研发能力不足，此为劣势，国外印后设备制造商竞争对手实力强大，此为威胁，因此，此战略为 WT 战略，选项 C 错误。

四、判断题

1. ×	2. ×	3. ×	4. √	5. √	6. ×	7. ×	8. ×	9. √	10. √

重难点解析：

1. 企业财务战略具有从属性、系统性、指导性及复杂性等特征。

2. 作为企业战略管理的一个子系统——财务战略的制定与实施，除考虑企业内外环境外，还要着重考虑企业整体战略要求。

3. 资源的稀缺性是判断企业竞争优势的标准之一，而非唯一标准。

4. 企业的研发能力、生产管理能力、营销能力、财务能力以及组织管理能力均是企业的基本能力，所以此题正确。

6. 波士顿矩阵的横轴表示市场占有率，纵轴表示企业在产业中的相对市场增长率。

7. 波士顿矩阵称为相对市场份额矩阵，而通用矩阵称为行业吸引力矩阵。

8. SWOT分析中的结合企业自身优势和企业外部环境的机会得到的战略是增长型战略。

五、案例分析题

答：

第一，"明星"产品—沙宣。我们把沙宣定为"明星"产品是因为该品牌有着很高的市场渗透率和占有率，强势品牌特征非常明显，占绝对优势。

第二，"现金牛"产品—飘柔、海飞丝。上述两个产品市场增长率低，相对市场占有率高，已进入成熟期。可以为企业提供资金，因而成为企业回收资金、支持其他产品尤其是明星产品投资的后盾。

第三，"问题"产品—伊卡璐。伊卡璐是宝洁为击败联合利华、德国汉高、日本花王花费巨资从其他公司购买的品牌，主要定位于染发。而宝洁公司的细分市场很大程度不是靠功能和价格来区分，而是通过广告诉求给予消费者不同的心理暗示，把它定位为"问题"产品，主要是市场占有率低，产生的现金流不多。

第四，"瘦狗"产品—润妍。该品牌市场增长率低，相对市场占有率也偏低，不能给公司带来收益，应采用撤退战略。

第十一章　财务危机、重组与清算

第一部分　内容概要

一、财务危机

（一）财务危机的概念

财务危机可称为财务困境或财务失败，是指企业由于现金流量不足，无力偿还到期债务，而被迫采取非常措施的一种状态。

（二）财务危机的原因

引起财务危机的原因包括：①企业管理层结构存在缺陷。②会计信息系统存在缺陷。③企业应变能力不强，应对措施不得当。④制约企业对环境变化做出反应的因素。⑤过度经营。⑥盲目开发大项目。⑦高财务杠杆。⑧常见的经营风险。

财务危机是一个渐进和积累的过程。一般来说，可以将企业的财务危机发展过程分为四个阶段：①第一阶段，财务危机潜伏期。②第二阶段，财务危机发作期。③第三阶段，财务危机恶化期。④第四阶段，财务危机实现期。

（三）财务危机的征兆

1. 财务指标的征兆

财务指标的征兆包括：①经营现金流量不断减少，收不抵支。②存货出现异常变动。③销售量的非预期下降。④利润严重下滑。⑤平均收账期延长。⑥偿债能力指标恶化。

2. 财务报表的征兆

一般来说，财务报表能综合反映企业在特定时点的财务状况和一定时期内的经营成果和现金流量状况。因此，观察财务报表的相关数据和平衡关系，可以判断企业是否存在危机隐患。

3. 经营状况的征兆

经营状况的征兆包括：①盲目扩大企业规模。②企业信誉不断降低。③关联企业趋于倒闭。④产品市场竞争力不断减弱。

4. 其他方面的征兆

企业人员大幅变动往往也是危机的征兆之一。企业信用等级降低、资本注销、企业主要领导人的反常行为、注册会计师出具非无保留意见的审计报告等，也是企业财务危机发生的征兆。

（四）财务危机预警

财务危机预警也称财务预警，是指根据企业经营状况和财务指标等因素的变化，对企业经营活动中存在的财务风险进行监测、诊断和报警的方法。

1. 定性分析法

定性分析法是通过对企业的经济环境、经营状况和财务状况的判断与分析，预测企业发生财务危机的可能性。定性分析法主要从经济环境、经营状况和财务状况三个方面进行财务预警分析。

2. 单变量模型

单变量模型是指运用单一变量、个别财务比率来进行财务预警。单变量模型属于定量分析法，按预测能力大小，预测财务危机的比率依次排序为：债务保障率、资产收益率、资产负债率。

3. 多变量模型

多变量模型——Z-score 模型。该模型运用多种财务指标加权汇总产生的总判别分值（Z 值）来预测财务危机。该模型由爱德华·奥特曼在 20 世纪 60 年代提出，模型如下：

$$Z = 0.012X_1 + 0.014X_2 + 0.033X_3 + 0.006X_4 + 0.999X_5$$

模型中，X_1 为营运资本与资产总额的比值；X_2 为留存收益与资产总额的比值；X_3 为息税前利润与资产总额的比值；X_4 为权益的市价与负债账面价值的比值；X_5 为销售收入与资产总额的比值。

根据这一模型的计算结果，Z 值越低，企业就越有可能破产。

二、破产重组

公司重组是指公司为了实现其战略目标，对公司的资源进行重新组合和优化配置的活动。公司重组有广义与狭义之分，广义的公司重组包括扩张重组、收缩重组和破产重组三种类型。狭义的公司重组仅仅为收缩重组。

(一) 企业破产的基本概念

1. 企业破产

企业破产是市场经济条件下的一种客观经济现象，它是指企业在市场竞争中，由于各种原因不能清偿到期债务，通过重整、和解或者清算等法律程序，使得债权债务关系依据重整计划或者和解协议得以调整，或者通过变卖债务人财产，使得债权人公平受偿。

2. 破产界限

破产界限是指法院据以宣告债务人破产的法律标准，在国际上称为法律破产原因。《中华人民共和国破产法》(以下简称《破产法》)对破产界限做了如下规定：

(1) 企业法人不能清偿到期债务，并且资产不足以清偿全部债务或者明显缺乏清偿能力的。

(2) 企业法人有上述规定情形，或者有明显丧失清偿能力可能的。

(二) 破产程序

现代破产制度主要包括三个基本程序，即重整程序、和解程序与破产清算程序。重整程序与和解程序可以统称为破产重组。

(1) 重整程序是指对陷入财务危机但仍有转机和重建价值的企业根据一定程序进行重新整顿，使企业得以维持和复兴，并按约定的方式清偿债务的法律程序。

(2) 和解程序是指在债务人无法清偿到期债务的情况下，由债务人提出债务和解协议并向法院提出和解申请，经债权人会议通过和法院认可后，按照和解协议规定的条件清偿债务的法律程序。

(3) 破产清算程序是指在债务人无法清偿到期债务的情况下，由债务人或债权人向法院申请对债务人进行财产清算，并公平偿还债权人债务的法律程序。

(三) 破产重整

重整是一个完整的法律程序。根据《破产法》的规定，企业重整应当按如下程序进行。

1. 重整申请

依据《破产法》的规定，债务人不能清偿到期债务，并且资产不足以清偿全部债务或者明显缺乏清偿能力的，或者有明显丧失清偿能力可能的，债务人或者债权人可以依法直接向人民法院申请对债务人进行重整。债权人申请对债务人进行破产清算的，在人民法院受理破产申请后、宣告债务人破产前，债务人或者出资额占债务人注册资本10%以上的出资人，也可以向人民法院申请重整。法院经审查认为重整申请符合法律规定的，应当裁定债务人重整，并予以公告。

2. 重整计划的制订和批准

债务人或者管理人应当自法院裁定债务人重整之日起6个月内，同时向人民法院和债权人会议提交重整计划草案。债务人或者管理人未按期提出重整计划草案的，法院应当裁定终止重整程序，并宣告债务人破产。

重整计划草案应当包括：①债务人的经营方案。②债权分类。③债权调整方案。④债权受偿方案。⑤重整计划的执行期限。⑥重整计划执行的监督期限。⑦有利于债务人重整的其他方案。

3. 重整计划的执行

重整计划经人民法院批准后由债务人执行，已接管财产和营业事务的管理人应当向债务人移交财产和营业事务。

4. 重整程序的终止

重整程序的终止分为正常终止和失败终止两种情况。正常终止是指重整计划经过债权人会议通过并经法院批准后，债务人成功执行了重整计划，债务问题得以解决，重整程序正常终止。失败终止是指在重整期间，发生下列情形之一的，经管理人或者利害关系人请求，人民法院应终止重整程序，并宣告债务人破产：①债务人的经营状况和财产状况继续恶化，缺乏挽救的可能性。②债务人有欺诈、恶意减少债务人财产或者其他显著不利于债权人的行为。③由于债务人的行为致使管理人无法执行职务。④债务人或者管理人未按期提出重整计划草案。⑤重整计划草案未获得债权人会议通过且未获得人民法院的批准，或者债权人会议通过的重整计划未获得法院的批准。

(四) 债务和解

债务和解也称债务重组，是指在债务人发生财务危机的情况下，债权人按照其与债务人达成的协议或法院的裁定做出让步，使债务人减轻债务负担，渡过难关，从而解决债务人债务问题的行为。通过债务重组，债务人可以推迟债务的偿还期限，减轻债务负担，调节资本结构，从而帮助企业走出困境。

1. 债务和解的方式

债务和解的方式包括：①以资产清偿债务。②债权转为股权。③修改债务条件。

以上三种债务和解方式可以组合应用，如部分债务以资产来清偿，部分债权转为股权，或者部分债务修改债务条款等。

2. 债务和解的条件

债务和解是解决企业债务问题的一种重要方式，但是并非所有的债务问题都可以通过债务和解方式来解决，进行企业债务和解是有条件的。一般而言，债务和解必须具备以下条件：①债务人长期不能偿付债务。②债权人和债务人都同意通过债务和解方式解决债务问题。③债务人必须有恢复正常经营的能力，并具有良好的道德信誉。④社会经济环境有利于债务人经整顿后走出困境。

3. 债务和解的程序

债务和解的程序包括：①提出申请。②签订债务和解协议。③债务和解程序的终止。

三、企业清算

（一）企业清算的概念

企业清算是企业在终止过程中，为终结现存的各种经济关系，对企业的财产进行清查、估值和变现，清理债权和债务，分配剩余财产的行为。任何企业不论出于何种原因终止，都应当进行清算工作。清算是企业终止阶段的主要工作，企业的经济法律关系只有通过清算才能予以了结。

企业出现以下情形之一的，应当进行清算：①营业期限届满或企业章程规定的解散事由出现。②股东大会决议解散。③因企业合并或分立需要解散。④依法被吊销营业执照、责令关闭或者被撤销。⑤依法宣告破产。

二、破产清算的程序

根据《破产法》的规定，企业破产清算的基本程序如下：

1. 提出破产申请

《破产法》规定，破产申请可由债务人向法院提出，即自愿破产，也可由债权人向法院提出，即非自愿破产。债务人或债权人向法院提出破产申请，应当提交破产申请书和有关证据，破产申请书应当载明下列事项：①申请人、被申请人的基本情况。②申请目的。③申请的事实和理由。④法院认为应当载明的其他事项。

2. 法院受理破产申请

法院接到破产申请后应进行受理与否的审查。

3. 指定破产管理人

法院裁定受理破产申请后，应当指定管理人。管理人可以由有关部门、机构的人员组成的清算组或者依法设立的律师事务所、会计师事务所等社会中介机构担任。

4. 债权人申报债权

法院受理破产申请后，应当确定债权人申报债权的期限。

5. 召开债权人会议，选举债权人委员会

债权人会议是由依法申报债权的所有债权人组成的，决定债务人在破产期间的重大事项。

债权人会议可以决定设立债权人委员会。债权人委员会由债权人会议选任的债权人代表和一名债务人的职工代表或者工会代表组成。债权人委员会行使下列职权：①监督债务人财产的管理和处分。②监督破产财产分配。③提议召开债权人会议。④债权人会议委托的其他职权。

6．法院宣告债务人破产

法院对债务人的破产申请进行审理，对符合破产条件的企业下发破产宣告裁定书，正式宣告债务人破产。

7．处置破产财产

管理人负责处置破产企业的财产。管理人在法院宣告债务人破产后，应当接管破产企业，开展清产核资、资产评估等工作，对破产财产和破产债权进行认定，清理、回收、管理、处分破产财产，代表破产企业参加诉讼和仲裁活动。

8．分配破产财产

破产财产变价处置后，管理人应当及时拟定破产财产分配方案，并提交债权人会议表决。

9．终结破产程序

管理人完成最后的破产财产分配后，应当及时向法院提交破产财产分配报告，提请法院裁定终结破产程序。

(三) 破产财产的界定

破产财产是指依法在破产宣告后，可依破产程序进行清算和分配的破产企业的全部财产。破产财产的构成条件是：第一，必须是破产企业法人可以独立支配的财产。第二，必须是在破产程序终结前属于破产企业的财产。第三，必须是依照破产程序可以强制清偿的债务人的财产。

根据《破产法》的规定，破产财产由下列财产构成：①宣告破产时企业经营管理的全部财产。②破产企业在宣告破产后至破产程序终结前所取得的财产。③应当由破产企业行使的其他财产权利，如专利权、著作权等。④担保物的价款，超过其所担保的债务数额的，超过部分属于破产财产。⑤在法院受理破产案件前 6 个月至破产宣告之日的期间内，破产企业隐匿、私分、无偿转让、非法出售的财产，经追回后属于破产财产。⑥破产企业与其他单位联营时所投入的财产和应得收益，属于破产财产。

(四) 破产债权的界定与确认

破产债权可分为优先破产债权和普通破产债权。对破产人的特定财产享有担保权的权利人，对该特定财产享有优先受偿的权利，该部分债权为优先破产债权。

(五) 破产费用和共益债务

破产费用是指在破产案件中，为破产债权人的共同利益而支出的费用。法院受理破产申请后发生的下列费用为破产费用：①破产案件的诉讼费用。②管理、变价和分配债务人财产的费用。③管理人执行职务的费用、报酬和聘用工作人员的费用。

共益债务是指在破产程序中为全体债权人共同利益所负担的各种债务的总称。法院受理破产申请后发生的下列债务为共益债务：①因管理人或者债务人请求对方当事人履行双方均未履行完毕的合同所产生的债务。②债务人财产受无因管理所产生的债务。③因债务人不当得利所产生的债务。④为债务人继续营业而应支付的劳动报酬和社会保险费用以及由此产生的其他债务。⑤管理人或者相关人员执行职务致人损害所产生的债务。⑥债务人财产致人损害所产生的债务。

破产费用和共益债务由债务人财产随时清偿。债务人财产不足以清偿所有破产费用和共益债务的,先行清偿破产费用。

(六) 破产财产的分配

当破产财产全部确认和拍卖,破产债权全部被界定和确认,破产费用和共益债务总额计算出来后,破产管理人便可提出分配方案。这一方案要由债权人会议通过,经法院裁定后执行。根据《破产法》的规定,破产财产在优先清偿破产费用和共益债务后,依照下列顺序清偿:①破产人所欠职工的工资和医疗补助、伤残补助、抚恤费用,所欠的应当划入职工个人账户的基本养老保险、基本医疗保险费用,以及法律、行政法规规定应当支付给职工的补偿金。②破产人欠缴的除前项规定以外的社会保险费用和破产人所欠税款。③普通破产债权。

第二部分 练 习 题

一、名词解释

1. 财务危机
2. 财务危机预警
3. 破产
4. 债务和解
5. 企业清算
6. 破产财产
7. 优先破产债权
8. 破产费用
9. 共益债务
10. 重组

二、单项选择题

1. 对于财务危机的理解,以下说法中,不正确的是(　　)。

A. 财务危机指的是企业的财务失败

B. 企业的无偿债能力、亏损等都可视为财务危机的前期表现,破产倒闭是其最终的结果

C. 财务危机指的是企业由于现金流量不足,无力偿还到期债务,而被迫采取非常措施的一种状态

D. 财务危机指的是企业的经济失败

2. 为了监测和预报财务危机,学者采用各种数学工具和方法,其中广泛运用的是(　　)。

A. 定性分析法　　B. 单变量模型

C. Z-score 模型　　D. F 分数模型

3. 甲企业欠乙公司货款无法按期偿还，后经双方协商，乙公司同意减免甲企业部分债务，其余部分甲企业以银行存款支付。该债务重组方式属于（　　）。

A. 以低于债务账面价值的现金清偿债务

B. 以非现金资产清偿债务

C. 债权转为股权

D. 修改债务条件

4. 下列各项中，关于企业清算财产支付顺序正确的是（　　）。

A. 清理费用——工资——税款——其他无担保债务

B. 工资——清算费用——税款——其他无担保债务

C. 税款——清算费用——工资——其他无担保债务

D. 其他无担保债务——清算费用——工资——税款

5. 下列各项中，不属于破产财产的是（　　）。

A. 宣告破产时破产企业经营管理的全部财产

B. 已作为担保物的财产

C. 应当由破产企业行使的其他财产权利，如专利权、著作权等

D. 破产企业在破产宣告后至破产程序终结前取得的财产

6. 破产清算工作人员的酬金及劳务费应计入（　　）。

A. 管理费用　　B. 工资费用

C. 破产清算损益　　D. 破产清算费用

7. 下列各项中，关于企业债务重组的说法正确的是（　　）。

A. 企业在资不抵债时，就应当进行债务重组

B. 债务重组可以将债权转为股权

C. 债务重组时，不可以用非现金资产清偿债务

D. 债务重组时，不可以修改债务条件

8. 下列各项中，不属于破产财产的构成条件的是（　　）。

A. 必须是破产企业法人可以独立支配的财产

B. 必须是在破产程序终结前属于破产企业的财产

C. 必须是在破产程序受理前属于破产企业的财产

D. 必须是依照破产程序可以强制清偿的债务人的财产

9. 企业出现的下列（　　）情形，可以不进行清算。

A. 股东大会决议解散

B. 依法宣告破产

C. 依法被吊销营业执照、责令关闭或者被撤销

D. 企业经营出现暂时性亏损

10. 下列各项中，不属于企业经营状况的征兆的是（　　）。

A. 企业信誉不断降低　　B. 关联企业趋于倒闭

C. 产品市场竞争力不断减弱　　D. 企业规模进行外部扩张

三、多项选择题

1. 下列各项中，属于发生财务危机之前的征兆的有（　　）。

A. 关联企业出现财务危机　　B. 存货出现异常变动

C. 利润严重减少　　D. 公司高管突然离职

2. 下列各项中，属于财务危机发生原因的有（　　）。

A. 高管存在结构缺陷　　B. 高财务杠杆经营

C. 会计信息系统管理中存在不足　　D. 经营过度

3. 下列各项中，属于债务重组方式的有（　　）。

A. 以低于债务账面价值的现金清偿债务　　B. 以非现金资产清偿债务

C. 债权转为股权　　D. 修改债务条件

4. 向法院提出破产申请，一般可由（　　）提出。

A. 债务人的上级主管部门　　B. 债务人

C. 债权人　　D. 债权人的上级主管部门

5. 债务人通过（　　）等以缓解暂时债务的重组方式为修改其他债务条件。

A. 延长债务偿还期限

B. 减免应付未付利息

C. 降低利率

D. 延长债务偿还期限并减少本金

6. 根据我国《破产法》的规定，破产界限的实际标准是不能清偿到期债务。下列情形中，可以界定为债务人不能清偿到期债务的有（　　）。

A. 债务人不能以财产、信用或能力等任何方式清偿债务

B. 债务人停止支付到期债务并呈连续状况

C. 债务人不能清偿的是已到期、债权人提出偿还要求的、无争议的债务

D. 债务人对主要债务在可预见的相当长时间内持续不能偿还

7. 在法院受理破产案件 6 个月至破产宣告之日的期间内，破产企业的（　　）行为无效。

A. 隐匿、私分或无偿转让财产

B. 非法出售财产

C. 对原来没有提供财产担保的债务提供担保

D. 放弃自己的债权

8. 破产费用主要包括（　　）。

A. 破产案件的诉讼费

B. 管理、变卖和分配债务人财产的费用

C. 清算组聘请的工作人员的费用

D. 破产企业员工工资

9. 下列各项中，关于破产财产的相关说法正确的有（　　）。

A. 破产财产应优先清偿破产费用和共益债务

B. 债务人财产不足以清偿所有破产费用和共益债务的，先行清偿破产费用

C. 破产财产不足以清偿同一顺序求偿权的，应当按照比例进行分配

D. 破产财产确定以后，一般都要变卖为货币资金，以便清偿债务

10. 下列各项中，属于共益债务的有（　　）。

A. 因管理人或者债务人请求对方当事人履行双方均未履行完毕的合同所产生的债务

B. 因债务人不当得利所产生的债务

C. 债务人财产致人损害所产生的债务

D. 债务人财产受无因管理所产生的债务

四、判断题

1. 财务危机一般又称为财务失败，企业发生财务危机的主要标志就是现金流量短缺并呈持续状态，无力偿还到期债务。（　　）

2. 财务危机是一个渐进和积累的过程，一般分为四个阶段：财务危机潜伏期、财务危机发作期、财务危机发展期和财务危机恶化期。（　　）

3. 现在主要使用的财务危机预警模型是单变量模型。（　　）

4. 破产企业的清算组对破产财产分配完毕，结平所有账户，即可终结破产程序，宣告企业终止。（　　）

5. 当债务人出现财务困难，不能按期偿还债务时，债权人只能通过法律程序，要求债务人破产，以清偿债务。（　　）

6. 破产重组是对一些因出现暂时性财务困难的企业，通过与债权人相互协商，由债权人做出某些让步的一种企业整顿方式。（　　）

7. 以修改债务条件进行债务重整时，对债权人和债务人都不应确认债权清理损失或债务重整收益。（　　）

8. 在债权人做出让步的情况下，以非现金资产清偿债务，这种方式属于债务重整。（　　）

9. 破产企业对破产可变现价值的清偿顺序，首先是偿还有担保的债权，其次是清偿无担保但有优先权的债权，然后再清偿无担保无优先权的债权。（　　）

10. "不能清偿到期债务"，是我国《破产法》对企业破产规定的破产界限。一般认为，如果债务人停止支付到期债务并呈连续状况，如无相反证据，可推定为不能清偿到期债务。（　　）

五、案例分析题

某上市公司 2019 年的财务数据如下：

(1) 年营业收入为 52 000 万元，息税前利润为 5 000 万元，股票市值为 42 000 万元（年末）。

(2) 资产负债表（简表）如表 11-1 所示。

表 11-1 资产负债表(简表)

2019 年 12 月 31 日 单位:万元

资产	金额	负债和所有者权益	金额
流动资产	16 000	流动负债	12 000
固定资产	60 000	长期负债	38 000
其他资产	4 000	股本	10 000
		资本公积	12 000
		盈余公积	6 000
		未分配利润	2 000
资产总计	80 000	负债和所有者权益总计	80 000

要求:计算该公司 2019 年的 Z 值,对该公司的财务风险状况进行评价。

第三部分 参考答案

一、名词解释

1. 财务危机

财务危机又称财务困境或财务失败,是指企业由于现金流量不足,无力偿还到期债务,而被迫采取非常措施的一种状态。

2. 财务危机预警

财务危机预警又称财务预警,是指根据企业经营状况和财务指标等因素的变化,对企业经营活动中存在的财务风险进行监测、诊断和报警的方法。

3. 破产

破产是指企业在市场竞争中,由于各种原因不能清偿到期债务,通过重整、和解或者清算等法律程序,使得债权债务关系依据重整计划或者和解协议得以调整,或者通过变卖债务人财产,使得债权人公平受偿。

4. 债务和解

债务和解又称债务重组,是指在债务人发生财务危机的情况下,债权人按照其与债务人达成的协议或法院的裁定做出让步,使债务人减轻债务负担,渡过难关,从而解决债务人债务问题的行为。

5. 企业清算

企业清算是指企业在终止过程中,为终结现存的各种经济关系,对企业的财产进行清查、估值和变现,清理债权和债务,分配剩余财产的行为。

6. 破产财产

破产财产是指依法在破产宣告后,可依破产程序进行清算和分配的破产企业的全部财产。

7. 优先破产债权

对破产人的特定财产享有担保权的权利人,对该特定财产享有优先受偿的权利,该部分债权称为优先破产债权。

8. 破产费用

破产费用是指在破产案件中，为破产债权人的共同利益而支出的费用。

9. 共益债务

共益债务是指在破产程序中为全体债权人共同利益所负担的各种债务的总称。

10. 重组

重组是指公司为了实现其战略目标，对公司的资源进行重新组合和优化配置的活动。

二、单项选择题

1. D	2. C	3. A	4. A	5. B	6. D	7. B	8. C	9. D	10. D

重难点解析：

1. 财务危机指的是企业的财务失败而不是经济失败。经济失败是从企业的盈利能力来描述企业的经营状态，而财务危机是从企业的偿债能力来描述企业的经营状态。

2. 多变量模型——Z-score模型在财务预警领域得到了广泛的应用，是指运用多种财务指标加权汇总产生的总判别分值（Z值）来预测财务危机。

3. 甲企业以银行存款偿还了部分债务，属于以资产清偿债务，乙公司同意减免甲企业部分债务，所以属于以低于债务账面价值的现金清偿债务。

4. 根据《破产法》的规定，破产财产应优先清偿破产费用和共益债务，其次为所欠职工的工资等，然后是所欠税款，最后是普通破产债权。

5. 担保物的价款，超过其所担保的债务数额的，超过部分属于破产财产。

6. 破产费用是指在破产案件中，为破产债权人的共同利益而支出的费用。管理人执行职务的费用、报酬和聘用工作人员的费用属于破产费用。

7. 企业资不抵债不属于债务重组所具备条件。债务重组的方式包括：以资产清偿债务、债权转为股权、修改债务条件。

8. 破产财产的构成条件是：第一，必须是破产企业法人可以独立支配的财产。第二，必须是在破产程序终结前属于破产企业的财产。第三，必须是依照破产程序可以强制清偿的债务人的财产。

9. 企业应当进行清算情形有：营业期限届满或企业章程规定的解散事由出现，股东大会决议解散，因企业合并或分立需要解散，依法被吊销营业执照、责令关闭或者被撤销，依法宣告破产。

10. 经营状况的征兆有：盲目扩大企业规模，企业信誉不断降低，关联企业趋于倒闭，产品市场竞争力不断减弱。

三、多项选择题

1. ABCD	2. ABCD	3. ABCD	4. BC	5. ABCD
6. ABCD	7. ABCD	8. ABC	9. ABCD	10. ABCD

重难点解析：

4.《破产法》规定，破产申请可由债务人向法院提出，即自愿破产，也可由债权人向法院提出，即非自愿破产。

8. 破产费用包括：破产案件的诉讼费用，管理、变价和分配债务人财产的费用，管理人执行职务的费用、报酬和聘用工作人员的费用。破产企业员工工资不属于破产费用。

四、判断题

1. √	2. ×	3. ×	4. ×	5. ×	6. ×	7. ×	8. √	9. √	10. √

重难点解析：

2. 企业的财务危机发展过程包括以下四个阶段：①第一阶段，财务危机潜伏期。②第二阶段，财务危机发作期。③第三阶段，财务危机恶化期。④第四阶段，财务危机实现期。

3. 现在主要使用的财务危机预警模型是多变量模型(Z-score 模型)。

4. 管理人完成最后的破产财产分配后，应当及时向法院提交破产财产分配报告，提请法院裁定终结破产程序。

5. 在债务人无法清偿到期债务的情况下，不必立即进行破产清算，在法院的主持下，可以由债务人和债权人达成协议，制订债务人重整计划或债务和解计划，债务人可以继续营业并在一定期限内按计划全部或部分清偿债务。

6. 对一些因出现暂时性财务困难的企业，通过与债权人相互协商，由债权人做出某些让步的一种企业整顿方式是债务重组。

7. 债权人不能确认债务重组收益，只能确债务重组损失，而债务人要确认债务重组收益。

五、案例分析题

答：

营运资本＝16 000－12 000＝4 000(万元)

留存收益＝6 000＋2 000＝8 000(万元)

负债总额＝12 000＋38 000＝50 000(万元)

$X_1 = 4\,000 \div 80\,000 = 0.05$

$X_2 = 8\,000 \div 80\,000 = 0.10$

$X_3 = 5\,000 \div 80\,000 = 0.06$

$X_4 = 42\,000 \div 50\,000 = 0.84$

$X_5 = 52\,000 \div 80\,000 = 0.65$

$Z = 0.012 \times 0.05 + 0.014 \times 0.10 + 0.033 \times 0.06 + 0.006 \times 0.84 + 0.999 \times 0.65 = 0.66$

$Z \leqslant 1.81$，说明企业破产的概率较高。